Green Table's SANDWICH

Basic Lesson

Spread & Source

DIY Sandwich

Easy Sandwich

Special Sandwich

Green Table's

그린테이블의 샌드위치 수업

sandwich

자연주의 쿠킹클래스 '그린테이블'의 시크릿 레시피

Green Table's
그린테이블의 샌드위치 수업
sandwich

김윤정 지음

비타북스

Prologue

집에서 만드는 건강한 샌드위치로
행복의 순간을 만끽하세요

제 요리의 뿌리에는 어린 시절 부모님과 함께한 시간들이 녹아 있습니다. 공무원이셨던 아버지를 따라 여러 지방으로 이사를 다녔고, 덕분에 산과 들, 이 섬 저 섬을 뛰어다니며 유년 시절을 보낼 수 있었습니다. 그때 산과 들에서 먹었던 다래, 산딸기, 보리똥의 맛을 아직도 잊을 수가 없답니다. 요리와 꽃을 사랑하신 어머니는 매일 가족들의 아침과 도시락 8개를 준비하셨고, 일하면서도 저희 오남매의 간식을 놓친 적이 없었지요. 지금이야 전화 한 통이면 진진하게 먹을 수 있는 간식들이 배달되지만, 그때는 손수 다 만들어야 했으니까요. 얼마 전 어릴 적 어머니의 요리백과 전집을 발견하여, 그 시절 다 함께 만들며 맛있게 먹던 음식들이 떠올라 다시 한 번 행복에 젖기도 했답니다.

그때의 기억으로 저는 시간만 되면 아이의 간식을 손수 만들어 먹이려고 애쓰고 있습니다. 어릴 적 어머니의 모습처럼, 저도 아이에게 행복한 기억을 남겨주고 싶은 마음에서요. 그래서 자주 만드는 간식이 샌드위치랍니다. 맛있는 빵과 간단한 재료만 있으면, 후다닥 만들어 든든하고 맛있는 간식과 식사가 되어주는 고마운 요리거든요.
밖에 나가기 좋은 날씨에는 이 책에서 가장 마음에 드는 샌드위치를 골라 준비하여, 가족들과 함께 야외에 나가 그 시간을 즐겨보세요. 그 자체만으로도 충분히 행복을 느낄 수 있답니다. 저 또한 한창 자전거 타기를 좋아하는 초등학생 아들을 두어 자주 샌드위치를 싸서 한강으로 나가 변하는 계절을 함께 느끼며 맛있는 시간을 보낸답니다. 그러다 보니 자주 가게 되는 빵집이 생겼고, 샌드위치에 어울리는 다양한 빵들도 더 배우게 되었답니다. 여러분도 집 주변에 맛있는 단골 빵집을 만들어보세요. 조금 더 특별한 나만의 샌드위치를 만들게 될 거예요.

일 년 전, 《샐러드 수업》을 출간하고 다시 일 년 만에 같은 팀과 《샌드위치 수업》을 만들 수 있게 되어 정말 행복했습니다. 함께 샌드위치를 맛보며, 마음을 나누며, 독자들에게 가장 쉽고 간편하게 샌드위치 레시피를 보여드릴 수 있도록 고민하고 또 고민하며 열심히 만든 책이랍니다. 특별히 도움을 주신 곳도 참 많아 더 알차게 만들 수 있었습니다.
멋진 유년 시절을 선물해주신 부모님께 감사한 마음을 전하고 싶습니다. 지금도 여전히 "엄마 요리가 최고"라는 말로 자꾸 부엌으로 향하게 하는 아들 진교와 남편에게도 고마움을 전합니다.

Green Table
김윤정

Contents

샌드위치가 쉬워지는 기본 레슨
Basic Lesson

샌드위치를 빛내는 스프레드 & 소스
Class. 01

Sandwich with

냉장고 속 재료를 활용한
DIY 샌드위치

누구나 좋아하는
대표 샌드위치

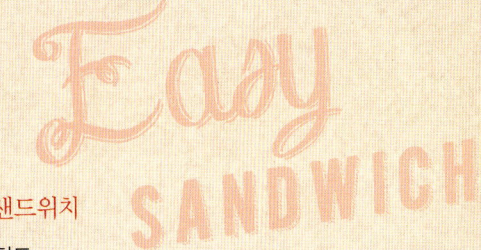

Class. 04

특별하게 즐기는 스페셜 샌드위치

Green Table's
SANDWICH

Basic Lesson

샌드위치가 쉬워지는
기본 레슨

'샌드위치'는 사 먹는 것만큼 맛있게 만들기가 어렵다고 생각하는 사람이 많지만. 기본 요령만 익히면 누구나 쉽고 간단하게 맛을 낼 수 있어요. 샌드위치를 제대로 즐기기 위해 기본 요령부터 완벽히 알아두세요.

샌드위치를 만들기 전에 읽어보세요

이 책에는 집에서 만들어 보관하고 먹을 수 있는 스프레드 50가지와 누구나 쉽게 따라 할 수 있는 샌드위치 레시피 70가지, 샌드위치와 어울리는 음료 6가지가 담겨 있어요. 샌드위치를 만들기 전에 다양한 책 속 정보를 정확히 확인하여 알차게 활용하시기 바랍니다.

Class·01 스프레드 고르기

샌드위치의 맛과 식감을 살려주는 감초 같은 역할의 스프레드는 빵에 발라 그대로 먹어도 충분합니다. 기본 스프레드, 과일 스프레드, 허브 스프레드, 시판 스프레드 등 꼭 알아야 할 대부분의 샌드위치 스프레드를 종류별로 한눈에 보기 쉽게 소개하고 있어요.

Class·02 냉장고 속 재료 활용하기

냉장고에 항상 있는 기본 재료 또는 사용하고 남은 재료를 쉽고 간단하게 샌드위치에 활용할 수 있는 조리법을 알려드려요. 재료별 영양과 손질법, 보관법도 확인할 수 있답니다. 원하는 재료를 선택하고 손쉽게 조리해 나만의 샌드위치를 만들어보세요.

Class·03·04 원하는 샌드위치 만들기

기본 샌드위치부터 요즘 핫한 인기 샌드위치까지 빠짐없이 소개하고 있어요. 원하는 레시피를 골라 자세한 만들기 과정을 따라 해보세요. 1단계에서 스프레드와 속재료를 먼저 만들고, 2단계에서 빵과 스프레드, 속재료를 차례대로 쌓아 완성하세요. 사진과 함께 순서대로 차근차근 알려준답니다.

샌드위치의 기본이 되는 빵

샌드위치에 활용되는 다양한 빵을 소개합니다. 식빵이 보편적으로 사용되지만 요즘은 점점 다양하고 개성 있는 빵으로 범위가 넓어지고 있답니다. 건강한 호밀빵이나 담백한 치아바타, 쫄깃한 베이글 등 빵마다의 고유한 맛과 특징, 고르는 방법을 익혀보세요.

식빵 Bread

샌드위치를 만들 때 가장 많이 사용하는 빵으로 부드러운 속살이 특징이며 맛이 담백해 어떤 재료와도 잘 어울린다. 식빵의 종류는 헤아리기 힘들 정도로 많은데, 요즘은 호밀이나 귀리로 만든 거친 곡물식빵이 인기가 높다.

사각 틀에 넣고 뚜껑을 덮어 굽는 기본 사각식빵부터 뚜껑을 덮지 않고 구워서 반죽이 위로 부풀어 오르고 사각식빵보다 기포가 크고 결이 거친 둥근식빵, 통밀로 만든 통밀식빵, 일반 식빵보다 크기를 작게 만든 미니식빵 등이 있다.

식빵으로 샌드위치를 만들 때는 대체로 12mm의 기본 두께를 사용하며, 브런치나 디저트 메뉴 등에는 두툼한 18~20mm 식빵을 쓰기도 한다. 식빵을 구매할 때는 원하는 두께로 잘린 제품을 확인해서 구매하고, 아예 통식빵을 구입해 빵칼로 잘라서 사용해도 된다.

호밀빵 Rye bread

밀가루에 호밀, 귀리 등의 곡물을 넣어 만든 호밀빵은 씹을수록 구수한 맛을 내는 건강빵으로 단단하고 건조하면서 시큼한 특유의 향을 지니고 있다. 견과류와 말린 과일이 들어간 호밀빵도 있어 취향에 맞게 골라 사용하자. 알맞은 두께로 잘라 다양한 재료를 넣고 샌드위치로 만들어 먹으면 영양까지 든든하게 챙길 수 있다.

캄파뉴 Campagne

프랑스어로 '시골'이란 뜻을 지닌 캄파뉴는 밀가루에 호밀가루나 통밀가루를 섞어서 만드는 프랑스빵으로 이름처럼 투박한 모양을 지녔다. 맛이 담백해서 유럽에서는 주식처럼 매일 먹는 빵이다. 섬유질이 많은 호밀과 통밀이 들어가서 표면이 거칠고 빵속에 기공이 크게 생기는 것이 특징이다.

바게트 Baguette

기다란 모양의 대표적인 프랑스빵으로 밀가루, 효모, 소금, 물 등을 섞어 만들며 껍질은 단단하고 속은 쫄깃하다. 씹을수록 담백하고 고소한 맛을 내며 버터만 발라도 맛이 좋다. 샌드위치를 만들 때는 어슷하게 자르고, 작은 핑거푸드를 만들 때는 둥글게 슬라이스 한다. 50cm 이상의 긴 바게트부터 30cm 이하의 짧은 바게트, 동그랗게 구운 둥근 바게트도 있다.

치아바타 Ciabatta

이탈리아어로 '슬리퍼'라는 뜻의 치아바타는 납작한 모양 때문에 붙은 이름이다. 담백하고 쫄깃하며 고온에서 살짝 구워 색이 흰 편이다. 올리브오일에 찍어서 그냥 먹어도 맛있지만, 샌드위치용으로 많이 쓰인다.

포카치아 Focaccia

밀가루에 올리브오일과 물, 소금을 넣어 만든 반죽을 발효시킨 뒤 토핑으로 올리브, 로즈메리, 썬드라이드 토마토 등을 올려 구운 이탈리아빵이다. 허브가 들어가 향긋한 풍미가 가득하며 토마토 역시 올리브오일과 어우러져 그냥 먹어도 맛있다.

베이글 Bagel

달걀, 우유, 버터를 넣지 않고 구워 지방과 당분이 적고 칼로리가 낮아서 여성들에게 인기가 높은 도넛 모양의 빵이다. 반죽을 끓는 물에 한 번 데친 다음 구워서 식감이 쫄깃한 것이 특징이다. 또한 말린 과일, 치즈, 견과류 등을 반죽에 넣어 다양한 종류로 만들기도 한다. 크림치즈와 잘 어울리는 베이글은 반을 갈라 다양한 맛의 크림치즈 스프레드를 발라서 만드는 샌드위치에 많이 활용한다.

잉글리시 머핀 English Muffin

보편적인 컵케이크 모양의 미국 머핀과 구별하기 위해 잉글리시 머핀이라 불리는 영국 전통빵으로 모양이 동글납작하고 색이 하얗다. 밀가루에 버터와 우유를 넉넉히 넣고 만들어 수분이 많고 쫄깃한 식감을 지닌다. 잉글리시 머핀에 햄과 치즈, 달걀 등을 곁들여 영국인들이 아침식사로 즐겨 먹는다.

브리오슈 Brioche

다양한 모양으로 만들어지는 프랑스빵 브리오슈는 달걀과 버터를 듬뿍 넣고 만들어 달콤하면서 촉촉하고 부드러운 식감을 지녔다. 요리와도 잘 어울려서 프랑스에서는 소시지를 끼워서 먹거나 푸아그라와 함께 먹는다. 버터맛이 진한 브리오슈식빵을 사용해 샌드위치를 만들면 더욱 근사한 맛을 낼 수 있다.

크루아상 Croissant

반죽 사이사이에 버터를 넣어 겹겹의 층을 이루는 페이스트리 종류의 소라 모양 빵으로 겉은 바삭하고 속은 촉촉하다. 적당히 짭짤해 아무것도 바르지 않고 그냥 먹어도 맛있다.

롤빵 Bread Roll

은은한 버터 향이 좋은 부드러운 빵으로 버터와 스프레드를 곁들여 아침식사 대용으로 먹기 좋은 빵이다. 속재료를 넣어 샌드위치 또는 버거를 만들 때도 쓰인다. 흔히 '핫도그 빵'이라고 부르는 길쭉한 롤빵과 작고 동그란 모닝롤이 있다. 핫도그 빵은 햄버거 빵과 질감이 비슷하며 모닝롤은 좀 더 부드럽다.

햄버거 빵 Burger Burn

우유 맛과 버터 향이 나는 담백한 빵으로 반을 갈라 패티와 채소를 넣고 햄버거를 만들어 먹는다. 햄버거가 아니더라도 다양한 재료를 넣어 샌드위치를 만들기에도 좋다. 반죽 윗면에 검은깨, 해바라기씨 등의 곡물을 입혀 구운 종류도 맛이 좋다.

토르티아 Tortilla
밀가루나 옥수수가루로 반죽해 우리나라 밀전병처럼 둥글납작하게 구운 멕시코 빵
이다. 부리토, 케사디야, 타코 등 전형적인 멕시코 요리에 쓰이던 토르티야는 다양한
고기와 채소, 소스와 잘 어울리는 담백한 맛 덕분에 샌드위치, 롤, 피자 등 다양한 요
리에 널리 사용된다.

샌드위치의 맛을 살리는 치즈

샌드위치에 넣는 재료로 치즈를 빼놓을 수 없죠. 특유의 짭짤하고 고소한 맛이 다른 재료들과 어우러져 샌드위치의 맛을 한층 업그레이드시킨답니다. 다채로운 치즈로 더욱 근사한 샌드위치를 만들어보세요.

크림치즈 Cream Cheese
지방이 많이 함유되어 질감이 부드럽고 조금 새콤한 맛이 특징이다. 주로 식빵이나 베이글에 발라 먹거나 치즈케이크를 만들 때도 쓰인다. 맛과 향이 순해서 누구나 거부감 없이 먹을 수 있으며, 과일, 채소와 함께 먹어도 잘 어울린다. 숙성시키지 않은 생치즈라서 쉽게 상할 수 있으니 꼭 냉장고에 보관하고, 구입 후 바로 먹는 것이 좋다.

마스카르포네 Mascarpone
이탈리아 남부에서 처음 만들어진 크림치즈의 하나로 일반 크림치즈보다 좀 더 부드럽고 신맛이 없으며 신선한 우유 맛이 진하다. 크림치즈처럼 빵이나 크래커, 과일 등에 발라서 먹거나 티라미수를 만들 때 주재료로 쓰이며, 그밖에 다양한 베이킹에도 활용된다.

리코타 치즈 Ricotta Cheese
우유와 레몬즙, 소금으로 집에서도 쉽게 만들 수 있는 생치즈다. 치즈 특유의 진한 향이 없고 상큼하면서도 고소하고 신선한 맛이 난다. 리코타 치즈는 일반 치즈를 만들 때 항상 생기는 노란색 액체, 유청을 처리하려는 방편으로 생겨난 음식이다. 지방은 적고 각종 영양은 그대로 남아 있는 유청을 레몬즙 또는 식초와 함께 끓이면 몽글몽글한 단백질 덩어리들이 떠오르는데 이것만 걸러서 뭉치면 리코타 치즈가 완성된다. 이 책 75쪽에 있는 리코타 치즈 만드는 방법을 참고해 직접 만들어보자.

카망베르 치즈 Camembert Cheese

프랑스의 작은 마을 카망베르에서 만들어진 고소하고 부드러운 흰 곰팡이 치즈로 나폴레옹이 맛보고 반해 유명해졌다. 해마다 많은 관광객이 원조 치즈를 맛보기 위해 카망베르를 찾는다고 한다. 카망베르 치즈는 순한 맛에서부터 진한 맛까지 종류가 다양하며, 특별한 손질 없이 바로 먹을 수 있다. 특유의 향이 진하며 조직이 말랑말랑해서 손으로 만지면 모양이 쉽게 변한다. 흰 곰팡이로 덮인 표면은 꾸둑꾸둑한 질감이고 속은 크림처럼 부드럽다. 빵이나 크래커에 곁들여 먹거나 꼬치에 끼워서 구워 먹기도 한다.

브리 치즈 Brie Cheese

프랑스에서 만들어진 브리 치즈는 '치즈의 왕'이라고 불릴 정도로 향이 진하고 맛이 뛰어나다. 카망베르 치즈와 비슷한 부드럽고 촉촉한 질감을 가지고 있으며, 흰색의 곰팡이가 표면을 덮고 있다. 숙성 정도에 따라 맛과 향이 달라지며 부드러운 맛부터 진한 맛까지 종류가 다양하다.

모차렐라 Mozzarella

부드럽고 탄력이 있는 생치즈로 그냥 먹어도 맛이 깔끔하고 신선하다. 카프레제 샐러드를 만들 때 토마토와 함께 사용하는 생 모차렐라 치즈는 가열하면 더욱 쫄깃해지고 쭉쭉 늘어나는 특징이 있어 그릴에 눌러서 만드는 파니니 샌드위치에 잘 어울린다. 건조시킨 모차렐라 치즈는 '피자 치즈'로 불리며 피자 토핑이나 치즈 샌드위치 등에 많이 쓰인다.

그뤼에르 치즈 Gruyere Cheese

스위스 그뤼에르 지방에서 만들어진 둥근 모양의 단단한 노란색 치즈로 '에멘탈'과 함께 스위스를 대표하는 인기 치즈다. 에멘탈 치즈보다 맛과 향이 진하며 색깔도 좀 더 노랗다. 작게 슬라이스 하거나 그라인더에 갈아서 샌드위치, 파스타, 피자 등에 쓰거나 완전히 녹여서 퐁뒤 요리를 만든다.

체다 치즈 Cheddar Cheese

보통 한국에서 슬라이스 치즈라고 불리는 노란 치즈는 체다 치즈를 주원료로 하여 만든 가공 치즈다. 부드럽고 고소하며 신맛이 살짝 나는 게 특징이고 그냥 먹거나 샌드위치, 햄버거에 넣어 고소한 맛을 더한다.

샌드위치를 도와주는 시판 재료 & 도구

샌드위치의 풍미를 더하고 스타일을 살려주는 시판 재료와 도구를 소개합니다. 샌드위치를
만들 때 특별한 재료와 도구가 필요한 것은 아니지만, 알맞은 제품을 활용하면 한결 쉽고
보기 좋게 만들 수 있답니다.

베이컨 Bacon

햄과 비슷한 맛과 모양의 베이컨은 만드는 과정도 햄과 거의 같지만, 소금에 절이는 방법이나 만
드는 고기 부위가 조금 다르다. 베이컨은 보통 돼지 옆구리 살을 사용해 얇고 길쭉하게 만든다.
햄보다 맛이 짜고 기름기가 많으며 구우면 바삭해지는 특징이 있다.

하몽 Jamon

이탈리아의 생햄 프로슈토와 만드는 방법, 맛과 모양이 비슷한 스페인식 생햄이다. 돼지의 뒤쪽
넓적다리 부분을 통째로 잘라 소금에 절이고, 그늘에서 1년 이상 건조, 숙성시켜서 만드는 햄이
다. 하몽은 조리하지 않고 바로 먹을 수 있으며, 샌드위치, 샐러드, 애피타이저 등 다양한 요리에
활용된다.

비프 파스트라미 Beef Pastrami

소고기를 소금, 마늘, 향신료 등으로 양념해 저온에서 장시간 익혀 풍부한 육즙과 풍미를 담아낸
소고기 햄이다. 주로 빵에 넣어 샌드위치로 만들어 먹는다.

살라미 Salami

이탈리아식 전통 소시지의 일종으로 삶거나 훈제시키지 않고, 소고기와 돼지고기를 섞어 소금,
마늘, 향신료, 기름 등으로 양념해 공기 중에서 건조시켜 만든다. 얇게 썰어서 샌드위치나 카나페
를 만들거나 그대로 술안주로 먹기도 한다.

썬드라이드 토마토 Sun-dried Tomato

토마토를 바짝 말려서 올리브오일에 푹 담가 허브, 마늘 등과 함께 절인 이탈리아식 반찬이다. 작
게 썰어서 샌드위치에 곁들여 먹으면 상큼한 맛을 낼 수 있다. 파스타, 피자, 베이킹 등 다양한 요
리에 넣으면 풍미를 살릴 수 있다. 각종 요리에 반찬처럼 곁들여 먹어도 맛있다.

머스터드 Mustard

일반적인 머스터드는 단맛이 없는 짙은 노란색의 소스로 매콤하면서 톡 쏘는 맛을 낸다. 여기에 꿀, 시럽 등을 넣어 달콤한 맛을 더하면 허니머스터드가 된다. 들깨알 같은 검은 겨자씨가 들어 있는 머스터드는 홀그레인 머스터드이며, 프랑스 디종이 원산지로, 홀그레인 머스터드와 비슷하지만 입자가 없이 곱고 풍미가 좋은 디종 머스터드도 있다.

발사믹글레이즈 Balsamico Glaze

발사믹식초를 조려 단맛과 풍미가 더 진한 소스로, 샌드위치는 물론 스테이크, 샐러드 등에 뿌리면 새콤달콤한 맛을 더할 수 있다. 요리 위에 뿌려 모양을 낼 때 사용해도 좋다.

우스터소스 worcestershire sauce

영국 우스터 지방에서 만들어진 소스로 우리나라의 간장과 맛과 모양이 비슷하며 오랜 시간 숙성시켜 만든다. 각종 요리에 넣어 간을 맞추고 맛을 더할 때 쓰이며 특히 고기와 생선 요리에 잘 어울린다.

믹서 Mixer

다양한 재료를 갈거나 섞을 때 사용하면 편리하다. 주로 스프레드와 소스를 만들 때 사용하기 좋으며 두부나 채소를 활용한 채식 패티를 만들 때도 활용도가 높다. 홈메이드 음료를 만들 때도 유용하다.

토스터 Toaster

전기로 열을 가해 빵을 굽는 도구로 바쁜 시간 빠르게 빵을 구울 때 편리하다. 팝업 형태와 오븐 형태가 있으며, 오븐 형태의 토스터는 식은 샌드위치나 빵을 데우고, 다른 식재료를 구울 때도 사용할 수 있어 편리하다.

샌드위치그릴 Sandwich Grill

샌드위치그릴은 샌드위치는 물론 다양한 구이 요리에 활용이 가능한 조리기다. 샌드위치를 그릴에 눌러 구우면 속에 든 채소는 생생하게, 빵은 따뜻하게 구워져 오븐이나 전자레인지보다 훨씬 신선하게 즐길 수 있다. 빵에 찍히는 그릴 자국 또한 먹음직스러운 식감을 더해준다.

샌드위치 빵 맛있게 굽기

샌드위치의 기본 재료 빵을 맛있게 구울 수 있는 방법을 익혀보세요. 빵만 잘 구워도 샌드위치의 반은 성공했다고 할 수 있답니다. 빵 종류에 맞는 굽기 방법과 도구를 활용하면 좀 더 쉽게 맛있는 빵을 구울 수 있답니다.

[식빵]

프라이팬에 굽기

납작한 모양의 식빵은 주로 프라이팬에 올려 굽는다. 프라이팬은 불소수지로 코팅된 제품을 써야 빵이 바닥에 눌어붙거나 타지 않는다. 식빵의 겉은 바삭하고 속은 촉촉하게 구우려면 프라이팬을 중간 불로 달군 뒤 빵을 올려 양면이 모두 갈색이 되도록 구우면 된다. 또한 버터를 녹여 식빵을 구울 때는 팬을 미리 달구지 않는다. 달군 팬에 버터를 녹이면 빵이 쉽게 탄다. 버터를 올린 다음에 불을 켜서 버터를 녹이고 그다음 빵을 올려 구우면 노릇하게 잘 구워진다. 프렌치토스트를 만들 때는 꼭 프라이팬 뚜껑을 사용하자. 앞면은 뚜껑 없이 그대로 노릇하게 굽고 뒤집어서 뒷면을 구울 때 뚜껑을 덮어 1~2분 정도 더 구우면 수분이 증발하지 않아 촉촉하고 폭신한 프렌치토스트를 만들 수 있다. 다만 바삭한 빵을 원한다면 프라이팬의 뚜껑을 덮지 않는다.

샌드위치그릴에 굽기

식빵을 샌드위치그릴에 구우면 좀 더 바삭바삭한 맛을 낼 수 있다. 다만 식빵이 얇으면 눌러지는 힘이 약해질 수 있으니, 식빵 두 장을 겹쳐서 굽거나 속재료를 꽉 채워서 샌드위치그릴을 누르면 맛있게 구워진다.

샌드위치그릴은 미리 예열해서 사용하고 빵을 넣은 뒤에는 손으로 꽉 눌러야 더 잘 구워진다. 식빵에 버터나 오일을 입혀 굽고 싶다면 붓을 사용해서 그릴에 오일이나 녹인 버터를 바른다.

그릴팬에 굽기

그릴팬은 식빵에 먹음직스러운 그릴 무늬를 내고 속재료를 채워서 함께 굽기에 편리하다. 그릴팬에 빵을 올린 뒤 위에서 누르는 그릴프레스로 꾹 눌러 굽는다. 없다면 뒤집개를 활용해서 누른다. 치즈가 많이 들어가는 샌드위치라면 그릴팬을 예열하면서 만드는 방법이 좋다. 그릴팬에 식빵을 올리고 불을 켠 뒤 스프레드를 바르고 치즈와 속재료들을 올린다. 이때 팬이 달궈지면서 자연스럽게 치즈가 녹으며 재료에 골고루 스며든다. 식빵에 그릴 무늬를 진하게 내고 싶을 때는 그릴팬을 3분 정도 미리 예열한 뒤에 빵을 올린다. 진하고 먹음직스러운 무늬를 낼 수 있다.

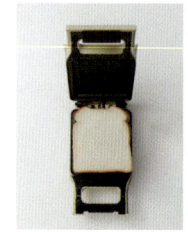

[베이글]

오븐에 굽기

베이글을 가장 맛있게 굽는 방법은 오븐을 이용하는 것이다. 베이글을 가로로 반 자른 뒤 자른 단면이 위로 오도록 오븐팬에 담고 200℃ 오븐에서 3분 정도 굽는 다. 잘린 단면은 바삭하고 속은 촉촉하게 구울 수 있다.

[롤빵]

프라이팬에 굽기

롤빵을 구울 때는 프라이팬을 사용해 자른 단면만 올려 굽는 것이 가장 맛있다. 롤 빵을 반으로 자르고, 프라이팬을 중간 불로 달군 뒤 자른 단면이 바닥으로 가도록 올려 굽는다. 이때 반대쪽은 굽지 않는다. 롤빵은 따로 굽지 않고 바로 사용해도 맛 있다.

[바게트·호밀빵·캄파뉴]

프라이팬·그릴팬에 굽기

단단하고 수분이 적은 바게트, 호밀빵, 캄파뉴 등의 빵은 오븐에서 굽는 건 피한다. 오븐에 넣어 구우면 질기고 딱딱해진다. 프라이팬이나 그릴팬에 버터를 발라 굽는 것이 가장 맛있다. 구운 빵은 식힘망 위에 올려 식힌다.

[잉글리시 머핀·치아바타·포카치아]

프라이팬에 굽기

쫄깃하고 촉촉한 식감의 잉글리시 머핀, 치아바타, 포카치아는 프라이팬에 살짝 굽 는 것이 가장 좋다. 달군 프라이팬에 올리브오일을 두르고 그 위에 올려서 굽는다. 구운 빵에는 버터 또는 오일 스프레드를 바른 뒤에 샌드위치 재료를 넣어야 수분 이 침투하지 않아 촉촉하고 쫄깃한 식감을 그대로 유지할 수 있다.

샌드위치 예쁘게 포장하기

정성 들여서 맛있게 만든 샌드위치를 예쁘게 담아 포장할 수 있는 간단한 노하우를 소개합니다. 집에 있는 소소한 소품들을 활용해서 누구나 쉽게 따라 할 수 있답니다.

[유산지로 포장하기]

샌드위치를 보기 좋고 먹기 편하게 포장하는 가장 손쉬운 방법이에요. 이렇게 포장하면 언제 어디서든 간편하게 먹을 수 있답니다.

<u>1</u> 샌드위치보다 3배 정도 큰 너비의 유산지를 펼치고 가운데 샌드위치를 올린다.

<u>2</u> 유산지 양 끝이 가운데에서 만나도록 위로 올려서 잡는다.

<u>3</u> 가운데 위에서 맞잡은 유산지 끝을 돌돌 말아서 아래로 접어 들어간다.

<u>4</u> 샌드위치까지 돌돌 말아서 내려온 유산지가 딱 맞도록 빵의 양쪽을 누른다.

<u>5</u> 유산지 양쪽 끝을 접어 삼각형을 만든다.

<u>6</u> 삼각형으로 접은 양쪽 끝을 아래로 접어 넣는다.

<u>7</u> 양쪽 끝을 모두 아래로 접어 넣은 상태

<u>8</u> 포장한 샌드위치는 가운데를 반으로 잘라 담으면 더욱 먹기 편하다.

[종이봉투 포장]

쉽게 구할 수 있는 각종 종이봉투를 활용해 카페에서 갓 포장
해온 느낌으로 연출해보세요. 여기에 나무나 플라스틱 소재
의 커트러리를 함께 담아주세요. 종이봉투를 접고 가운데 구
멍을 내서 노끈이나 리본 끈으로 묶으면 완성!

[휴대용 그릇 포장]

샌드위치를 포장할 때는 휴대용 그릇을 활용하세요. 요즘은 대형마트나 리빙숍에서 쉽게
휴대용 그릇을 구할 수 있답니다. 평소에 다양한 소재와 크기의 휴대용 그릇을 미리 준비
해두면 쉽고 간단하게 폼 나는 스타일링을 완성할 수 있어요. 휴대용 그릇에 담아 리본으
로 포인트를 주거나 스티커를 붙이면 근사한 느낌을 낼 수 있어요.

[바스켓 포장]

작은 바스켓을 활용해 포장하세요. 샌드위치와 음료를 함께
담아도 좋아요. 피크닉 돗자리에 샌드위치 바스켓을 꺼내보
세요. 어려움 없이 신경 쓴 느낌을 연출할 수 있답니다.

[포인트 주기]

샌드위치에 예쁜 드라이플라워 하나만 붙여도 훨씬 근사해
보이는 효과를 준답니다. 평범한 말린 식물도 작게 모아 끈으
로 묶어 샌드위치에 달아보세요. 요즘 유행하는 금색 클립을
종이봉투에 꽂아 모양내도 좋아요. 순식간에 고급스러운 포
장이 된답니다. 다양한 소품으로 포인트를 주면 보기 좋을 뿐
아니라 먹는 사람에게도 특별한 선물이 됩니다.

Class.01

샌드위치를 빛내는
스프레드 & 소스

Sandwich with

Basic Spread
기본 스프레드

바삭하게 구운 빵에 이것만 바르면 간단하게 샌드위치를 완성할 수 있는 기본 스프레드. 미리 넉넉히 만들어놓고 바쁜 아침 시간에 활용하면 간편하고 맛있게 식사를 해결할 수 있어요. 기본 스프레드는 채소와 과일, 고기 등 다양한 재료와 조화를 이뤄 샌드위치의 맛을 끌어올려주는 역할을 한답니다.

1 스위트 크림치즈

생크림	1/2컵
마스카포네 치즈	50g
설탕	1큰술

1 볼에 생크림과 설탕을 넣고 거품이 단단해질 때까지 거품기로 섞는다. 볼을 거꾸로 들었을 때 흐르지 않을 정도로 만든다.

2 볼에 마스카포네 치즈를 담고 주걱으로 부드럽게 풀어준 뒤 ①을 넣고 섞는다.

2 허니버터

무염버터	60g
꿀	2큰술

1 버터는 실온에 두어 부드러운 상태로 만든다.

2 부드러워진 버터에 꿀을 넣고 골고루 섞는다.

버터가 딱딱한 경우에는 전자레인지에 30초 정도 돌려서 사용해도 된다.

3 시저소스

달걀노른자	1개
안초비	1개
다진 마늘	1/2큰술
토마토케첩	1/2작은술
우스터소스	1/2작은술
올리브오일	3큰술

1 안초비를 곱게 다진다.

2 볼에 ①과 나머지 재료를 모두 넣
  고 골고루 섞는다.

4 비네그레트소스

올리브오일	3큰술
레드와인식초	1큰술
소금·후춧가루	약간씩

1 볼에 재료를 모두 넣고 골고루 섞
  는다.

5 양파토마토마요
    스프레드

양파	1/8개
토마토케첩	2작은술
마요네즈	2작은술
설탕	1/2작은술

1 양파를 곱게 다진다.

2 볼에 ①과 나머지 재료를 모두 넣
  고 골고루 섞는다.

6 레몬마요 스프레드

마요네즈	2½큰술
레몬즙	2작은술
레몬제스트	1/4개분
설탕	1작은술
후춧가루	약간

1 마요네즈에 레몬즙을 넣고 섞는
  다.

2 ①에 설탕과 후춧가루, 레몬제스
  트를 넣고 섞는다.

7 카레마요 스프레드

마요네즈	3큰술
꿀	1큰술
카레가루	1⅓작은술
레몬즙	1작은술
소금	약간

1 마요네즈와 꿀, 레몬즙을 골고루 섞는다.
2 ①에 카레가루와 소금을 넣고 섞는다.

8 매콤마요 스프레드

마요네즈	2큰술
토마토케첩	1/2작은술
핫소스	1/3작은술
칠리가루	1/2작은술

1 마요네즈와 토마토케첩을 섞는다.
2 ①에 핫소스와 칠리가루를 넣고 섞는다.

9 홀랜다이즈소스

달걀노른자	2개
녹인 무염버터	100g
레몬즙	1큰술
물	1큰술
소금·후춧가루	약간씩

1 작은 볼에 달걀노른자와 물 1큰술을 담고, 중간 불로 데우고 있는 물 위에 올려 중탕시켜가며 거품기로 섞는다.
2 ①에 녹인 버터를 조금씩 넣어가며 크림처럼 부드러워질 때까지 거품기로 섞는다. 중탕 물이 팔팔 끓으면 달걀노른자에 생긴 거품을 걷어내고 레몬즙, 소금, 후춧가루를 섞은 뒤 체에 내린다.
완성한 홀랜다이즈 소스를 바로 사용하지 않을 때는 랩을 소스 표면에 닿도록 씌우고 따뜻한 물에 중탕시켜둔다.

10 와사비마요 스프레드

마요네즈	2큰술
와사비	1작은술
머스터드	1작은술

1 볼에 재료를 모두 넣고 골고루 섞는다.
와사비마요는 새우와 치킨 등에 버무려 먹으면 알싸한 맛이 느끼함을 줄여준다. 샐러드 드레싱이나 냉채요리에 활용해도 좋다.

11 사우전아일랜드소스

양파	1/8개
피클	2조각
마요네즈	3¼큰술
토마토케첩	1⅓큰술
굴소스	1/2작은술
피클물	약간

1 양파와 피클을 곱게 다진다.
2 ①과 나머지 재료를 모두 섞는다.

12 허니머스터드

마요네즈	2큰술
머스터드	2작은술
꿀	1작은술
레몬즙	1작은술

1 볼에 모든 재료를 넣고 골고루 섞는다.

13 토마토소스

통조림 토마토 홀	1개
바질 잎	10장(또는 바질가루 1작은술)
태국고추	3개(또는 청양고추 1개)
양파	1개
다진 마늘	1큰술
치킨스톡	1작은술
물엿	1큰술
오레가노가루	1/2작은술
올리브오일	3큰술
소금·후춧가루	약간씩

1 달군 팬에 올리브오일을 두르고 양파를 곱게 다져서 마늘과 함께 넣고 갈색이 될 때까지 볶다가 나머지 재료를 모두 넣고 볶는다.
2 걸쭉해지면 불을 약하게 줄이고 은근하게 조린다.

14 베샤멜소스

우유	100mL
무염버터	10g
밀가루	1큰술
넛맥가루	1/3작은술
소금·후춧가루	약간씩

1 달군 팬에 버터를 넣고 녹인 다음 밀가루를 넣고 중간 불에서 1~2분 정도 볶다가 미지근한 우유를 세 번에 걸쳐 넣고 거품기로 저어가며 걸쭉해질 때까지 끓인다.
2 넛맥가루와 소금, 후춧가루를 넣고 섞는다.
굳거나 밀가루 덩어리가 생기면 따뜻한 우유 2큰술을 넣고 섞은 다음 체에 내려준다.

Fruit Spread
과일 스프레드

상큼한 과일을 활용해 다양한 스프레드를 만들어 샌드위치 맛을 살려보세요. 과육이 살아 있는 콤포트부터 과일 향이 진한 버터까지 다양한 식감으로 즐길 수 있어요. 담백한 비스킷에 올려 과일 카나페를 만들어도 좋아요.

1 레몬커드

레몬	1개
달걀	1개
무염버터	50g
아가베시럽	1/2큰술
설탕	50g

1 레몬은 깨끗이 씻어 물기를 제거하고 제스트기로 껍질을 긁어내 레몬제스트를 준비한다. 남은 레몬은 반을 잘라 레몬즙을 짠다.

2 냄비에 준비한 레몬즙과 달걀, 설탕을 넣어 섞은 뒤 버터를 넣고 약한 불에서 5분 정도 눌어붙지 않게 저어가면서 끓인다. 여기에 레몬제스트를 넣고, 2~3분 더 거품기로 저어가면서 걸쭉하게 끓인다.

3 농도가 걸쭉해지면 불을 끄고 한 김 식힌 다음 아가베시럽을 섞는다.

2 블루베리 크림치즈

블루베리	10g
크림치즈	30g
설탕	9g

1 크림치즈를 볼에 담아 주걱으로 부드럽게 풀어준다.

2 블루베리를 곱게 다져 설탕과 함께 ①에 넣고 골고루 섞는다.

블루베리 잼이 있다면 설탕을 빼고 블루베리 잼 15g을 크림치즈에 섞어 만들어도 좋다.

3 망고처트니

작게 썬 망고	1컵
건포도	1큰술
다진 양파	1/6컵
다진 마늘	1/2작은술
다진 생강	2/3작은술
홀그레인 머스터드	1/2작은술
설탕	1/3컵
고춧가루	1/8작은술
화이트와인식초	1/6컵

1 냄비에 망고와 설탕, 화이트와인
  식초를 넣고 중간 불에서 끓인다.
2 설탕이 녹으면 나머지 재료를 모
  두 넣고 불을 약하게 줄여 눌어붙
  지 않게 저어가며 걸쭉한 상태가
  되도록 조린다.

4 아보카도 스프레드

아보카도	1/2개
토마토	1/4개
마요네즈	1큰술
다진 마늘	1/4작은술
레몬즙	1/3작은술
소금·후춧가루	약간씩

1 아보카도는 씨와 껍질을 제거하여
  작게 썰고, 토마토도 작게 다진다.
2 ①에 나머지 재료를 모두 넣고 골
  고루 섞어가며 으깬다.

5 밤 스프레드

밤	250g
무염버터	10g
바닐라 빈	1/8개
꿀	30g
설탕	50g
럼주	1작은술
물	1/4컵

1 밤을 찜기에 담아 센 불에서 10분,
  중간 불에서 20분간 찌고, 불을 끄
  고 10분간 뜸을 들인다.
2 삶은 밤은 껍질을 벗겨 따뜻할 때
  포크로 으깬다.
3 ②와 나머지 재료를 모두 냄비에
  담고 살짝 약한 불에서 저어가면
  서 설탕이 녹을 때까지 끓인다.

6 딸기콤포트

딸기	250g
설탕	100g
레몬제스트	1작은술
레몬즙	1큰술
바닐라 에센스	1~2방울

1 딸기는 깨끗이 씻어 꼭지를 떼고
  물기를 제거한 뒤 설탕, 레몬즙,
  레몬제스트를 섞어서 1시간 정도
  재운다.
2 냄비에 ①의 2/3만 담아 주걱으로
  으깨가며 중간 불에서 10분 정도
  끓인다.
3 ②에 남겨둔 1/3을 넣고 약한 불에
  서 15분 정도 더 조려 걸쭉해지면
  불을 끄고 바닐라에센스를 넣어
  섞는다.

7 레몬오렌지버터

무염버터	120g
레몬제스트	1큰술
오렌지제스트	1큰술
다진 차이브	2½큰술
파슬리가루	2큰술
레몬주스	1작은술
오렌지주스	1작은술
소금	1/2작은술
후춧가루	약간

1 버터는 실온에 두어 부드러운 상태로 만든다.

2 부드러워진 버터에 나머지 재료를 모두 넣고 골고루 섞는다.

완성한 레몬오렌지버터를 보관할 때는 유산지에 3~4cm 두께로 둥글게 말아 냉장고에 둔다.

8 토마토버터

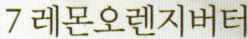

무염버터	120g
썬드라이드 토마토	60g
다진 로즈메리	1/4큰술

1 버터는 실온에 두어 부드러운 상태로 만든다.

2 끓는 물에 썬드라이드 토마토를 넣고 중간 불에서 5분 정도 끓인 뒤 곱게 다진다.

3 부드러워진 버터에 ②와 다진 로즈메리를 넣고 골고루 섞는다.

완성한 토마토버터를 보관할 때는 유산지에 3~4cm 두께로 둥글게 말아 냉장고에 둔다.

9 단감유자처트니

곶감	2개
유자청	2큰술
화이트와인	100mL
그랑 마르니에	10mL

1 곶감은 씨를 빼고 잘게 다진다.

2 작은 팬에 ①과 화이트와인, 그랑 마르니에, 유자청을 담고 약한 불에서 끓인다.

3 걸쭉해지면 불을 끄고 식힌다.

10 리코타크랜베리 스프레드

리코타 치즈	100g
말린 크랜베리	3큰술
아몬드슬라이스	2큰술
호두	3알

1 아몬드슬라이스와 호두를 마른 팬에 담고 약한 불에서 5분 정도 저어가며 굽는다.

2 말린 크랜베리와 구운 호두는 잘게 다진다.

3 볼에 준비한 재료를 모두 넣고 골고루 섞는다.

Hurb Spread
허브 스프레드

바질, 로즈메리, 타임, 딜 등 이름만 들어도 향긋해지는 갖가지 허브를 넣어 만든 스프레드를 소개합니다. 허브는 육류와 생선, 해물의 냄새를 제거하고 요리의 풍미를 더해주는 효과가 뛰어나죠. 영양까지 충만한 허브 스프레드로 샌드위치의 풍미를 더해보세요.

1 허브크림치즈

크림치즈	100g
다진 허브	15g

1 크림치즈를 볼에 담아 주걱으로 부드럽게 풀어준다.
2 부드러워진 크림치즈에 다진 허브를 넣고 골고루 섞는다.

\# 허브는 파슬리, 바질, 딜 등 다양한 종류를 넣어도 좋고 한 가지만 사용해도 괜찮다.

2 바질페스토

바질	40g
잣	40g
구운 호두	20g
마늘	2톨
파르메산 치즈가루	1/2컵
올리브오일	100ml
소금·후춧가루	약간씩

1 믹서에 바질 30g과 잣, 호두, 마늘, 파르메산 치즈가루를 넣고 곱게 간다.
2 남은 바질을 다져서 ①에 넣고 소금, 후춧가루로 간을 한다.

3 파슬리잣페스토

다진 이탈리안 파슬리	2큰술
잣	15g
다진 마늘	1작은술
파르메산 치즈가루	2큰술
올리브오일	2큰술
소금	1작은술

1 잣은 믹서에 담아 곱게 간다.
2 ①에 나머지 재료를 모두 넣어 믹서를 가볍게 몇 번 돌려서 섞는다.

4 허브마요 스프레드

마요네즈	3½큰술
다진 허브	1½큰술

1 마요네즈에 다진 허브를 넣어 골고루 섞는다.

5 샬롯파슬리버터

무염버터	120g
샬롯	1개
다진 파슬리	1큰술
화이트와인	1작은술
소금	1작은술

1 버터는 실온에 두어 부드러운 상태로 만든다.
2 샬롯은 껍질을 벗겨 깨끗이 씻고 곱게 다진다.
3 부드러워진 버터를 숟가락으로 풀어준 다음 다진 샬롯과 나머지 재료를 넣고 섞는다.

6 타르타르소스

삶은 달걀	1/2개
다진 양파	1큰술
다진 피클	1큰술
마요네즈	1/2컵
파슬리가루	1/2큰술
레몬즙	1작은술
후춧가루	약간

1 삶은 달걀은 곱게 다진다.
2 볼에 다진 달걀과 나머지 재료를 모두 넣고 섞는다.

7 블루치즈 스프레드

블루치즈	50g
생크림	1큰술
우유	1큰술
올리고당	1큰술

1 볼에 모든 재료를 넣고 골고루 섞
  는다.

8 타프나드

블랙올리브	70g
안초비	1개
케이퍼	1작은술
다진 마늘	1작은술
타임가루	1작은술
레몬즙	1큰술
올리브오일	1½큰술
소금·후춧가루	약간씩

1 모든 재료를 믹서에 넣고 곱게 간
  다.

2 ①에 소금, 후춧가루를 넣어 간한
  다.
타프나드는 파스타 소스로 활용해도 좋
  으며 크래커에 올려 와인 안주로 먹어도
  좋다.

9 바질버터

무염버터	90g
바질 잎	20장
다진 마늘	1/2작은술
올리브오일	2큰술
소금·후춧가루	약간씩

1 버터는 실온에 두어 부드러운 상
  태로 만들고, 바질은 잘게 다진다.
2 믹서에 버터와 올리브오일을 넣고
  섞는다.
3 ②에 다진 마늘과 다진 바질을 넣
  고 섞은 뒤 마지막에 소금, 후춧가
  루로 간한다.

10 레몬딜버터

무염버터	120g
크림치즈	60g
레몬 주스	1큰술
레몬제스트	1큰술
파슬리가루	1큰술
다진 딜	2큰술
소금	1/2작은술

1 버터는 실온에 두어 부드러운 상
  태로 만든다.
2 볼에 크림치즈를 담고 숟가락으로
  부드럽게 풀어준 다음 버터와 나
  머지 재료를 넣어 골고루 섞는다.

Vegetable Spread
채소 스프레드

평소 식구들이 잘 먹지 않는 채소를 활용해 건강까지 생각한 스프레드를 만들어보세요. 맛에 한 번 놀라고, 재료에 두 번 놀라는 영양 만점 채소 스프레드랍니다.

1 가지페스토

가지	1개
땅콩버터	20g
레몬즙	1큰술
꿀	1/2큰술
올리브오일	1큰술
소금·후춧가루	약간씩

1 가지는 깨끗이 씻어 0.5cm 두께로 슬라이스 한 뒤 올리브오일을 두른 달군 팬에 올려 중간 불에서 앞뒤로 굽는다.

2 믹서에 ①과 나머지 재료를 넣어 곱게 간 다음 소금, 후춧가루로 간한다.

2 갈릭버터

무염버터	30g
다진 마늘	2작은술
설탕	2작은술

1 버터를 실온에 두어 부드러운 상태로 만든다.

2 버터를 주걱으로 푼 다음 다진 마늘, 설탕을 넣고 골고루 섞는다.

3

4

5

6

3 두부크림치즈

두부	60g
크림치즈	60g
두유	1큰술
올리브오일	1작은술
소금·후춧가루	약간씩

1 두부는 칼등으로 으깬 뒤 면보로 감싸 물기를 꼭 짠다.

2 크림치즈는 볼에 담아 주걱으로 부드럽게 푼다.

3 ②에 으깬 두부와 두유, 올리브오일을 넣고 골고루 섞은 뒤 소금, 후춧가루로 간한다.

4 병아리콩 스프레드

병아리콩(또는 통조림 병아리콩)	100g
썬드라이드 토마토	20g
마요네즈	1큰술
다진 마늘	1/2작은술
메이플시럽	1작은술
레몬즙	1/2큰술
올리브오일	20mL
소금·후춧가루	약간씩

1 썬드라이드 토마토는 작게 다진다.

2 믹서에 ①을 뺀 모든 재료를 담고 곱게 간다.

3 ②에 다진 썬드라이드 토마토를 섞는다.

5 렌틸콩고구마 스프레드

렌틸콩	1/4컵
고구마	중간 크기 1개
다진 양파	2큰술
견과류·말린 크랜베리	2큰술씩
통조림 옥수수	2큰술
메이플시럽	1큰술
소금	1/2작은술

1 렌틸콩은 끓는 물에 넣어 10분 정도 삶고 물기를 뺀다.

2 고구마는 삶아서 껍질을 벗기고 뜨거울 때 곱게 으깬다.

3 견과류는 마른 팬에 올려 살짝 볶은 뒤 굵게 다진다.

4 준비한 모든 재료를 볼에 담아 골고루 섞는다.

6 칠리바비큐소스

통조림 토마토 홀	1/2컵
양파	1/2개
태국고추	4개
오레가노·바질·타임가루	1/2작은술씩
토마토케첩	1/2컵
우스터소스·물엿	1큰술씩
다진 마늘·설탕	1큰술씩
포도씨유	1큰술
후춧가루	약간

1 양파와 태국고추는 작게 다진다.

2 팬에 포도씨유를 두르고 다진 양파와 태국고추, 마늘을 넣어 양파가 투명해질 때까지 볶는다.

3 ②에 나머지 재료를 모두 넣고 농도가 걸쭉해질 때까지 약한 불에서 끓인다.

Popular Spread
시판 스프레드

요즘 가장 인기 있는 시판 스프레드 레시피를 소개합니다. 집에서 직접 나만의 스프레드를 만들어보세요. 입맛에 맞게 조금씩 재료의 양을 조절하면 어느새 특별한 레시피가 완성된답니다.

1 녹차밀크 스프레드

녹차가루	2큰술
우유	1컵
생크림	1/2컵
설탕	70g

1 냄비에 모든 재료를 넣고 양이 반으로 줄어들 때까지 조금 약한 불에서 조린다.

2 양이 반으로 줄어들면 불을 끄고 식힌 뒤 소독한 유리병에 보관한다.

2 초코 스프레드

다크초콜릿가루	200g
헤이즐넛	100g
무염버터	50g
생크림	125g
설탕	1큰술

1 마른 팬에 헤이즐넛을 넣고 볶아 한 김 식힌 다음 믹서에 넣고 간다.

2 ①의 믹서에 다크초콜릿가루와 버터, 설탕을 넣고 간다.

3 생크림을 소스 팬에 담아 중간 불에서 끓인다. 끓어오르면 ②에 넣고 섞는다.

4 피넛버터 스프레드

땅콩	200g
메이플시럽	1큰술
카놀라유	2큰술
소금	약간

1 땅콩은 껍질 벗겨 마른 팬에 넣고 약한 불에서 볶는다.
2 믹서에 볶은 땅콩과 카놀라유, 메이플시럽, 소금을 넣고 곱게 간다.

3 홍차 스프레드

홍차 티백	2개
우유	2컵
생크림	1컵
바닐라 빈	1/4개
설탕	140g

1 냄비에 우유, 생크림, 홍차 티백, 바닐라 빈을 넣고 중간 불에서 끓여 홍차를 우려낸다.
2 홍차 티백은 꺼내 버리고, 바닐라 빈은 반을 갈라 씨는 긁어 ①에 넣는다.
3 불을 조금 줄인 다음 설탕을 넣고 걸쭉하게 조린다.

5 캐러멜 스프레드

생크림	150g
설탕	150g
바닐라 빈	1/2개
물	1큰술

1 냄비에 설탕과 물 1큰술을 담고 설탕이 녹아 갈색이 될 때까지 약한 불로 끓인다. 절대로 저으면 안 된다.
2 냄비에 생크림과 바닐라 빈을 담고 약한 불에서 거품이 끓어오르기 전까지 살짝 데운다. 바닐라 빈은 꺼내서 반 잘라 씨만 긁어 넣는다.
3 데운 생크림을 ①에 조금씩 부어가며 골고루 섞은 다음 식힌다.

스위트 크림치즈
베이글

산딸기 피넛버터
샌드위치

🍞 스위트 크림치즈 베이글

잉글리시 머핀	1개
스위트 크림치즈	2큰술
구운 호두	2알
메이플시럽	1작은술

잉글리시 머핀은 반을 갈라 잘린 면을 노릇하게 굽고 스위트 크림치즈를 바른 뒤 구운 호두를 올린다.

🍞 산딸기 피넛버터 샌드위치

호밀빵 슬라이스	1장
피넛버터	1큰술
산딸기	5알

호밀빵을 앞뒤로 구워 피넛버터를 바르고 산딸기를 올린다.

녹차밀크
샌드위치

레몬오렌지
샌드위치

🍞 녹차밀크 샌드위치

미니 식빵	2장
녹차밀크 스프레드	1큰술

식빵을 앞뒤로 굽고 녹차밀크 스프레드를 바른다.

🍞 레몬오렌지 샌드위치

미니 식빵	2장
레몬오렌지버터	1큰술
오렌지	6조각

식빵을 앞뒤로 구워 레몬오렌지버터를 바르고 오렌지를
올린다.

허브마요
샌드위치

두부크림치즈
샌드위치

🍞 허브마요 샌드위치

호밀빵 슬라이스	2장
허브마요	2큰술
그린빈	4개

호밀빵을 앞뒤로 구워 허브마요를 바르고 데친 그린빈을
올린다.

🍞 두부크림치즈 샌드위치

치아바타	1/2개
두부크림치즈	2큰술
레디시	1개

치아바타의 잘린 면을 구워 두부크림치즈를 바르고 레디
시를 슬라이스 해 올린다.

단감유자
샌드위치

베리베리
미니버거

🍞 단감유자 샌드위치

잉글리시 머핀	1개
단감유자처트니	2큰술

잉글리시 머핀은 반을 갈라 잘린 면을 굽고 단감유자처트
니를 바른다.

🍞 베리베리 미니버거

미니 햄버거 빵	1개
리코타 크랜베리 스프레드	1큰술
블루베리	5알

햄버거 빵 안쪽을 굽고 한쪽에 리코타 크랜베리 스프레드
를 바르고 블루베리를 올린 뒤 남은 빵을 덮는다.

냉장고 속 재료를 활용한
DIY 샌드위치

Sandwich with

Class·02

Vegetable & Fruit

채소와 과일을 활용한 DIY 샌드위치

신선한 채소와 과일을 맛있게 챙겨 먹을 수 있는 가장 쉬운 방법을 소개합니다. 우선 종류별 채소와 과일의 영양과 손질법, 보관법 등을 익히고 다음 페이지에서 알려주는 조리법을 따라 해보세요. 생각보다 쉽고 간편하게 근사한 샌드위치를 완성할 수 있답니다.

1 감자

부드럽고 담백한 맛이 일품인 감자는 비타민과 칼슘, 칼륨이 풍부하다. 껍질이 얇고 모양이 매끈한 것이 좋으며 색이 푸르스름하거나 싹이 난 것은 피한다. 냉장고에 두면 색이 변하고 싹이 날 수 있으니 서늘하고 어두운 곳에 보관한다. 싹이 난 감자를 사용할 때는 싹 아래 눈까지 깊숙이 발라내야 쓴맛을 없앨 수 있다.

2 단호박

비타민, 식이섬유, 미네랄이 풍부한 단호박은 부드럽고 달콤한 맛이 샌드위치 속으로 활용하기에 딱 좋다. 소화 흡수가 잘 되고 칼로리도 적어 남녀노소 누구나 부담 없이 즐겨 먹을 수 있는 만능 재료이다. 단호박을 고를 때는 모양이 둥글고 윤기가 흐르며, 단단하고 묵직한 것이 좋다.

3 버섯

단백질과 비타민이 풍부한 버섯은 영양이 높고 칼로리는 낮아 누구에게나 잘 맞는 건강 식재료이다. 특유의 향과 감칠맛을 지녀 다양한 요리에 활용하기 좋다. 쫄깃한 식감이 공통된 특징이며 종류에 따라 조금씩 맛과 모양이 다르다. 살이 탱탱하고, 색이 선명하며, 윤기가 나는 것을 고른다.

4 양배추

아삭아삭한 식감과 단맛이 좋아 그냥 먹어도 손색이 없는 재료다. 익힐수록 단맛이 강해지는 특징이 있어 찌거나 볶아서 활용해도 좋다. 비타민 U가 풍부해 위궤양이나 위염 등에 좋으며, 노화를 예방하고 신진대사를 원활하게 해주는 효과도 있다. 푸른 겉잎이 그대로 붙어 있고, 들었을 때 묵직한 것이 좋다.

5 사과

영양이 풍부하고 새콤달콤한 맛이 좋아 한국인이 가장 많이 먹는 과일 중 하나이다. 신맛을 내는 사과산은 우리 몸의 염증을 억제하는 효과가 있으며, 포도당이 풍부해 아침식사 대용으로 먹으면 두뇌활동을 돕는 효과가 있다. 껍질에 상처가 없고 꼭지 단면이 신선한 것이 좋다. 종이나 비닐로 싸서 냉장고나 서늘하고 그늘진 곳에 보관한다.

6 오렌지

비타민 C가 풍부한 오렌지는 상큼한 맛과 향이 특징이다. 과즙이 풍부해 음료를 만들 때 많이 사용되며, 부드러운 빵 속에 넣어 디저트 샌드위치를 만들기에도 좋다. 오렌지를 고를 때는 색이 선명하고 전체적인 모양이 균일하며 크기에 비해 묵직한 것이 좋다. 냉장고보다는 통풍이 잘되는 실내에 보관한다.

Potato & Pumpkin DIY Sandwich

주로 삶아서 곱게 으깨어 샌드위치 속에 넣어 먹는 감자와 단호박은 별 다른 양념 없이 소금과 꿀, 치즈 등을 살짝 곁들이기만 해도 맛이 좋아요. 취향에 따라 빵만 달리해서 원하는 샌드위치를 만들어보세요.

매시드 포테이토

감자 2개, 무염버터 15g, 생크림 2큰술, 우유 적당량, 소금·후춧가루 약간씩

1 감자는 껍질을 벗겨 반을 자른 뒤 냄비에 담고 물과 소금을 넣어 15~20분 정도 삶는다. 익은 감자는 물기를 뺀다.

2 삶은 감자는 뜨거울 때 볼에 담아 포크로 으깨고 실온에서 부드러워진 버터와 생크림을 넣어 섞는다. 퍽퍽하면 우유를 살짝 넣어 농도를 조절한 뒤 소금, 후춧가루로 간한다.

감자 버터볶음

감자 1개, 양파 1/2개, 무염버터 15g, 소금·후춧가루 약간씩

1 감자는 껍질을 벗겨 반달모양으로 납작하게 썰고 찬물에 담가 녹말기를 뺀다. 양파는 채 썬다.

2 달군 팬에 버터를 녹인 뒤 ①의 감자를 넣고 볶다가 양파를 넣어 함께 볶는다. 양파가 노릇해지면 물을 1큰술 정도 넣어 익힌다. 소금, 후춧가루로 간한다.

단호박 찜

단호박 1/4개

1 단호박은 껍질을 깨끗이 씻어 반을 자르고 숟가락으로 씨를 긁어낸다.

2 찜통에 물을 붓고 찜기에 면보를 깐 뒤 썬 단호박을 넣어 푹 찐다.

허니마요 단호박

단호박 1/4개, 꿀 1½큰술, 마요네즈 1½큰술, 우유 적당량

1 단호박은 씨를 긁어낸 뒤 전자레인지에 9분간 돌려 익힌다.

2 익힌 단호박은 숟가락으로 속만 긁어 부드럽게 으깬 다음, 마요네즈와 꿀을 섞는다. 퍽퍽하면 우유를 조금 넣어 농도를 부드럽게 만든다.

Cabbage & Mushroom DIY Sandwich

아삭아삭한 식감과 단맛이 좋아 생
으로 썰어서 활용하기 좋은 양배추
를 더욱 맛있고 생생하게 즐기는 방
법을 배워보세요. 친숙한 맛의 버섯
도 양념만 살짝 더하면 조금 더 특
별하게 즐길 수 있어요.

아삭 양배추

양배추 150g

1 양배추는 가장 바깥의 녹색 껍질을 벗긴 뒤 깨끗이 씻어 얇게 채 썬다.

2 채 썬 양배추는 얼음물에 담가두었 다가 먹기 직전에 물기를 완전히 뺀다.

사워크라우트

양배추 250g, 양파 50g, 식초 100mL, 설탕 1큰술, 소금 1/2작 은술, 월계수 잎 1장

1 양배추와 양파는 최대한 얇게 채 썰 어 식초와 소금에 10분 정도 절인 다. 절인 양배추와 양파에 설탕을 넣고 버무린다.

2 달군 팬에 ①과 월계수 잎을 넣고 중간 불에서 볶는다. 완성되면 밀폐 용기에 담아 냉장 보관한다.

매콤 버섯구이

새송이버섯 1개, 표고버섯 1개, 양송이버섯 2개, 태국고추 2개, 다진 마늘 1작은술, 올리브오일 1큰술, 소금·후춧가루 약간씩

1 새송이버섯, 표고버섯, 양송이버섯 은 붓으로 불순물을 털고 모양을 살 려 얇게 슬라이스 한다.

2 달군 팬에 올리브오일을 두르고 다 진 마늘을 넣어 볶다가 손질한 버섯 을 넣고 센 불에서 볶는다. 마지막에 태 국고추를 부셔 넣고 소금, 후춧가루로 간한다.

허브 버섯볶음

버섯 130g, 무염버터 15g, 다진 타임 1/2작은술, 올리브오일 1큰 술, 소금·후춧가루 약간씩

1 달군 팬에 버터와 올리브오일을 넣 고 버터가 녹으면 다진 타임을 넣어 볶는다.

2 버섯은 불순물을 털어내고 모양을 살려 얇게 썬 뒤 ①에 넣어 볶는다. 소금, 후춧가루로 간한다.

Orange & Apple DIY Sandwich

노란 색감이 입맛을 돋우는 오렌지
는 그냥 먹어도 좋지만, 불에 익히
거나 설탕에 살짝 절여두면 언제든
지 쉽게 꺼내서 활용하기 좋아요.
사과도 달콤하고 고소하게 맛을 입
혀보세요. 평소보다 훨씬 특별하게
즐길 수 있답니다.

오렌지 마멀레이드

오렌지 2개, 설탕 150g, 레몬즙 1큰술, 베이킹소다 적당량

1 오렌지는 베이킹소다로 문질러 껍질을 깨끗이 씻은 뒤 물기를 뺀다. 오렌지 1개는 껍질을 벗겨 즙을 짜고 껍질은 흰 부분을 최대한 제거하여 채 썬다. 남은 오렌지 1개는 0.5cm 두께로 슬라이스 한다.

2 두꺼운 냄비에 ①과 설탕을 넣고 센 불에서 끓이다가 가장자리가 끓기 시작하면 불을 조금 줄여 걸쭉하게 될 때까지 끓인다. 마지막에 레몬즙을 넣고 저어준 후 불을 끄고 식힌다.

오렌지절임

오렌지 2개, 설탕 200g, 황설탕 100g, 베이킹소다 적당량

1 오렌지는 베이킹소다로 문질러 껍질을 깨끗이 씻은 뒤 슬라이스 하고 설탕 250g으로 버무린다.

2 소독한 유리병에 ①을 넣고 남은 설탕을 위에 뿌려 공기를 막은 뒤, 뚜껑을 닫고 반나절 정도 실온에 보관한 다음 3일 정도 냉장고에서 숙성시킨다.

허니 버터 사과

사과 1/2개, 무염버터 15g, 메이플시럽 1큰술, 계핏가루 1/4작은술

1 사과는 씻어서 1cm 두께의 웨지 모양으로 썬다.

2 달군 팬에 버터를 녹이고 ①을 올려 중간 불에서 앞뒤로 구운 뒤 메이플시럽을 끼얹어 조린다. 마지막에 계핏가루를 뿌린다.

사과절임

사과 2개(600g), 설탕 100g, 황설탕 200g

1 사과는 씻어서 반달모양으로 얇게 슬라이스 한 뒤 설탕 250g으로 버무린다.

2 소독한 유리병에 ①을 넣고 남은 설탕을 위에 뿌려 공기를 막은 뒤 뚜껑을 닫고 반나절 정도 실온에 보관한 다음 3일 정도 냉장고에서 숙성시킨다.

Ingredient_1개분
호밀식빵 2장
허니마요 단호박 3큰술(51p)
슬라이스 체더 치즈 2장

Spread
마요네즈 15g

단호박을 부드럽게 으깨서 꿀과 마요네즈를 섞은 뒤 빵 사이에 넣고 그릴로 꾹 눌러주면 맛도 모양도 일품인 샌드위치가 된답니다. 고소한 체다 치즈를 더하면 금상첨화랍니다.

1 허니마요 단호박을 준비한다.

2 호밀식빵 한쪽 면에 마요네즈를 각각 바른 다음 체다 치즈를 올리고 그 위에 허니마요 단호박을 평평하게 올린 뒤 나머지 빵을 덮는다.

3 ②를 샌드위치 그릴기에 넣고 치즈가 녹을 때까지 굽는다.

Sweet Pumpkin Sandwich

단호박 샌드위치

Orange Marmalade Sandwich

오렌지 마멀레이드
샌드위치

Ingredient 1인분
식빵 2장
크림치즈 2큰술
오렌지 마멀레이드 4큰술(55p)

쌉싸래한 홍차와 잘 어울리는 디저트 샌드위치예요. 오렌지 마멀레이드를 넉넉하게 만들어
샌드위치는 물론 따뜻한 오렌지 티를 만들 때도 활용해보세요.

1 오렌지 마멀레이드를 준비한다.

2 랩을 식빵보다 사방 3cm 여유 있게 잘라 펴고, 그 위에 테두리를 잘라낸 식빵을 올린다.

3 식빵에 크림치즈를 바르고 위에 오렌지 마멀레이드를 덧바른다.

4 랩을 돌돌 감싸며 샌드위치를 롤 모양으로 만들어 고정하고 냉장고에 넣어 잠시 굳힌 다음
  먹기 좋은 크기로 자른다.

Meat & Seafood

고기와 해물을 활용한 DIY 샌드위치

냉장고에 있는 고기와 해물을 활용해 간단하게 샌드위치를 완성해보세요. 어떤 재료든 상관없어요. 기본 손질법과 조리법만 익혀두면 누구나 손쉽게 나만의 샌드위치를 즐길 수 있답니다.

1 닭가슴살

뼈 없이 살코기로만 이루어져 있는 닭가슴살은 지방은 적고 양질의 단백질은 풍부하여 다이어트에 효과적인 건강식품이다. 담백한 맛 덕분에 어떤 재료와도 잘 어울려 다양한 요리에 활용된다. 살이 탱탱하여 탄력이 넘치고 선홍색을 띠며 윤기가 흐르는 것이 좋다. 닭고기는 다른 육류보다 빨리 상할 수 있으니 구입하면 바로 조리하고, 시간이 경과될 때는 냉장고에 넣어 보관한다.

4 소고기 채끝살

소의 등줄기를 이루는 등심 부위의 가장 뒷부분에 있는 채끝살은 소를 몰 때 휘두르는 채찍이 닿는 부위라서 붙여진 이름이다. 근육이 굵지 않고 지방이 풍부해 부드럽고 고소한 맛이 뛰어나다. 채끝살은 붉은색이 선명하고 마블링이 화려한 것이 좋다. 주로 스테이크나 구이에 이용된다.

5 소 앞다리살

소의 어깨뼈 안쪽 부분에 있는 앞다리살은 지방이 적어 마블링이 거의 없고 근육이 많이 포함되어 있어 쫄깃하면서도 살짝 질긴 식감을 느낄 수 있다. 대신 육즙이 풍부하고 소고기의 담백한 맛이 진하기 때문에 부드럽게 익혀서 조리하면 살코기의 깊은 맛을 즐길 수 있다. 앞다리살은 국거리로 좋으며 불고기나 산적에 활용해도 좋다.

7 새우

필수아미노산과 키토산, 칼륨, 타우린 등 몸에 좋은 영양분이 풍부한 새우는 젓갈을 담그는 조그만 크기부터 요리의 주재료가 되는 대하, 중하까지 종류가 아주 다양하다. 콜레스테롤이 높지만 과다하게 섭취하지 않으면 큰 영향은 없다. 몸이 투명하고 윤기가 나며 껍질이 단단한 것이 좋다.

2 닭 안심

닭날개 아래에 있는 가늘고 길쭉하게 생긴 부위로 가슴살보다 식감이 부드러운 것이 특징이다. 윤기가 돌고 선홍색을 띠는 것이 좋다. 소고기나 돼지고기보다 쉽게 상할 수 있기 때문에 포장을 뜯으면 바로 사용한다.

3 돼지고기 등심

돼지 등줄기에 있는 부드러운 살코기 부위로 연하고 부드러운 식감이 특징이다. 주로 돈가스를 만들 때 활용되며 불고기로도 잘 어울린다. 선홍색을 띠고 탄력이 있는 것이 신선하며, 바로 사용하지 않을 때는 냉동실에 보관한다.

6 소고기 우둔살

소의 엉덩이 안쪽에 있는 붉은 살코기 부위인 우둔살은 지방이 거의 없어 맛이 담백하고 연한 식감이 특징이다. 우둔살은 육회로 많이 쓰이며, 잡채나 산적, 다진 고기용으로 활용하기에 알맞다.

8 흰살 생선

대구, 명태, 도미 등의 흰살 생선은 다른 생선보다 지방 함량이 낮아 비릿함이 적고 담백한 맛이 특징이다. 칼로리도 낮아 다이어트 식품으로 즐기기에 알맞다. 살이 단단해서 얇게 포를 떠서 굽거나, 쪄서 양념을 끼얹어 먹어도 좋다. 너무 오래 가열하면 살이 단단해져 맛이 떨어질 수 있으니 주의하자.

9 연어

훈제연어로 많이 먹는 연어는 살코기가 붉은색을 띠는 것이 특징이다. 비타민 B군이 모두 풍부하여 피로 해소와 피부 미용에 좋으며 스테이크나 샐러드, 샌드위치에 잘 어울린다. 비늘이 잘 붙어 있고 은빛을 띠며 살이 탱탱한 것이 좋다. 자른 단면은 선명한 분홍색으로 투명한 것이 신선하다.

chicken & Pork DIY Sandwich

평소에 즐겨 먹는 닭고기와 돼지고
기도 어떤 양념을 입히느냐에 따라
전혀 새로운 맛을 선보일 수 있어
요. 익숙한 재료를 조금 색다르게
조리해 나만의 DIY 샌드위치를 만
들어보세요.

카레 닭가슴살

닭가슴살 1쪽(100g), 청주 1/2큰술, 통후추 6알, 카레마요 3큰술(30p), 소금 약간

1 끓는 물에 닭가슴살과 청주, 통후추, 소금을 넣고 4분 정도 삶은 후 꺼내서 식힌 뒤 잘게 찢는다.

2 ②에 카레마요를 넣고 골고루 버무린다.

닭고기 바비큐

닭 안심 3쪽(100g), 포도씨유 1/2큰술, 소금·후춧가루 약간씩
바비큐소스 토마토소스 1큰술, 간장 2작은술, 설탕 2작은술

1 달군 팬에 포도씨유를 두르고 닭 안심을 올린 뒤 소금, 후춧가루를 뿌려 약한 불에서 3분 정도 앞뒤로 굽는다.

2 구운 닭 안심은 손으로 잘게 찢어 바비큐소스로 골고루 버무린 다음 팬에 담고 중간 불에서 볶는다.

돈가스

돼지고기 등심 1장(120g), 달걀 1개, 빵가루 1/3컵, 밀가루 1큰술, 소금·후춧가루 약간씩, 포도씨유 적당량

1 돼지고기에 소금, 후춧가루를 뿌려 20분 정도 밑간한 다음 밀가루, 달걀 푼 물, 빵가루 순으로 튀김옷을 입힌다.

2 180℃ 포도씨유에 ①을 넣어 속까지 익도록 바짝 튀긴 뒤 종이타월에 올려 기름기를 뺀다.

돼지고기 생강구이

돼지고기 등심 150g, 양파 1/3개, 다진 생강 2작은술, 간장 1½큰술, 청주 2큰술, 포도씨유 약간

1 돼지고기는 먹기 좋은 크기로 썰고 양파는 채 썬다. 썬 돼지고기와 양파에 다진 생강, 간장, 청주를 섞어 만든 소스를 뿌려 20분 정도 재운다.

2 달군 팬에 포도씨유를 두르고 재운 돼지고기와 재웠던 양념까지 모두 올려 굽는다. 약한 불에서 양념이 배도록 조린다.

Beef DIY Sandwich

소고기는 어떻게 조리하든 상관없이 모든 샌드위치와 정말 잘 어울리는 식재료예요. 소금과 후춧가루만 뿌려서 구운 뒤 빵에 넣으면 끝! 다양한 양념에 마리네이드한 뒤 구우면 더욱 활용하기 좋아요.

불고기

소고기 앞다리살 150g, 양파 1/3개, 포도씨유 약간

불고기양념 다진 마늘 1/2작은술, 다진 파 1/2작은술, 간장 1큰술, 참기름1/2큰술, 설탕 1/2작은술, 후춧가루 약간

1 소고기는 한입 크기로 썰고, 양파는 채 썬 뒤 불고기양념 재료와 모두 섞어 골고루 버무린다.

2 달군 팬에 포도씨유를 두르고 양념한 소고기를 올려 바삭하게 볶는다.

커틀릿

소고기 채끝살 150g, 달걀 1개, 양파 1/5개, 밀가루 1큰술, 빵가루 1/3컵, 소금·후춧가루 약간씩, 포도씨유 적당량

1 양파를 믹서에 곱게 갈아 소고기 위에 바르고 10분 정도 재운 뒤 양파를 모두 긁어내고 소금, 후춧가루로 밑간한다.

2 ①을 밀가루, 달걀 푼 물, 빵가루 순으로 튀김옷을 입히고, 180℃ 기름에 넣어 튀긴다. 종이타월에 올려 기름기를 뺀다.

햄버거 패티

다진 소고기 120g, 다진 돼지고기 80g, 대파 5cm 1줄기, 양파 1/5개, 마늘 3톨, 빵가루 2큰술, 설탕 1/4큰술, 청주 1큰술, 소금·후춧가루 약간씩

1 대파와 양파, 마늘을 곱게 다져 다진 소고기와 섞고 청주, 설탕, 빵가루, 소금, 후춧가루를 넣고 골고루 치대 반죽을 만든다.

2 반죽을 둥글게 빚은 후 테두리보다 가운데 부분을 조금 얇게 누르고, 포도씨유 두른 달군 팬에 올려 앞뒤로 노릇하게 굽는다.

Shrimp DIY Sandwich

새우는 간단히 손질하여 튀기거나,
양념을 입혀 굽거나, 또는 다져서
패티로 만들어도 좋은 샌드위치 재
료랍니다. 깔끔하게 손질되어 나오
는 칵테일 새우를 사용하면 좀 더
편리해요. 다양한 조리법을 익혀서
활용해보세요.

데친 새우

칵테일 새우 10마리, 소금 약간

1 칵테일 새우는 찬물에 가볍게 씻는다.

2 냄비에 물 1컵과 소금을 약간 넣어 끓인다. 물이 끓으면 칵테일 새우를 넣어 살짝 데친 후 건져서 물기를 뺀다.

스파이시 새우

대하 6마리, 파프리카시즈닝 2/3작은술(또는 고춧가루 2/3 작은술), 포도씨유 1/2작은술, 소금·후춧가루 약간씩

1 새우는 머리와 몸통의 껍질을 떼고, 이쑤시개로 내장을 제거한다. 등줄기에 칼집을 내 넓게 편다.

2 달군 팬에 포도씨유를 두르고 새우를 올린 뒤 파프리카시즈닝, 소금, 후춧가루를 뿌려가며 앞뒤로 익힌다.

새우튀김

대하 8개, 달걀 1개, 밀가루 2큰술, 빵가루 1/3컵, 소금·후춧가루 약간씩, 포도씨유 적당량

1 새우는 꼬리만 살려서 껍질을 벗긴 뒤 모양이 일자가 되도록 꼬치를 끼운 다음 소금, 후춧가루를 뿌려 20분 정도 밑간한다.

2 ①에 밀가루, 달걀 푼 물, 빵가루 순으로 튀김옷을 입히고 160℃ 포도씨유에 바삭하게 두 번 튀긴다.

새우전

칵테일 새우 150g, 달걀흰자 1/2개, 바질가루 1작은술, 파프리카시즈닝 1작은술, 포도씨유 1큰술, 소금·후춧가루 약간씩

1 새우는 흐르는 물에 씻어 잘게 다진 뒤 달걀흰자, 파프리카시즈닝, 바질가루, 소금, 후춧가루와 섞어 반죽을 만든다.

2 달군 팬에 포도씨유를 두르고 ①을 한 숟가락씩 떠서 올린 뒤 둥글넓적하게 부친다.

Salmon & fish DIY Sandwich

샌드위치를 더욱 특별하게 만들어주는
연어와 흰살 생선은 생각보다 조리하기
가 쉬워요. 연어와 흰살 생선의 조리법
을 익혀 다양한 빵과 스프레드를 곁들여
보세요. 맛과 영양이 가득한 건강 샌드
위치로 즐길 수 있답니다.

연어구이

연어 150g, 화이트와인 1큰술,
꿀 1/2작은술, 레몬즙 1작은술,
올리브오일 1작은술, 소금·후춧
가루 약간씩

1 연어는 화이트와인을 끼얹어 5분 정
도 재운다.

2 달군 팬에 올리브오일을 두르고 ①
을 올린 다음 꿀, 레몬즙, 소금, 후
춧가루로 간한 뒤 앞뒤로 노릇하게 굽
는다.

연어 유자 마리네이드

훈제연어 100g, 양파 1/8개

유자소스 유자청 1작은술, 레몬
즙 1작은술, 올리브오일 1작은
술, 소금·후춧가루 약간씩

1 분량의 유자소스 재료를 골고루 섞
는다.

2 양파를 채 썰어 훈제연어, 유자소스
와 함께 버무린다.

케이퍼 연어

훈제연어 100g, 케이퍼 5개, 설
탕 1/4작은술, 레몬즙 1작은술

1 케이퍼를 다져서 레몬즙, 설탕을 넣
고 골고루 섞는다.

2 훈제 연어에 ①을 끼얹어 10분 정
도 재운다.

흰살 생선 튀김

흰살 생선 150g, 튀김가루 50g,
탄산수 50mL, 소금·후춧가루
약간씩, 포도씨유 적당량

1 탄산수와 튀김가루를 섞어 튀김옷
을 만든다.

2 소금과 후춧가루로 밑간한 생선살
에 튀김옷을 입힌 다음 180℃ 포도
씨유에 두 번 튀긴다.

Ingredient_1개분

치아바타 1개
소고기 불고기용 150g
봄나물(냉이, 달래 등) 20g
봄동 2장(또는 양상추 2장)
허니머스터드 1큰술
올리브오일 ½작은술

불고기양념
다진 마늘 1/2작은술
다진 파 1/2작은술
간장 1큰술
참기름 1/2큰술
설탕 1/2작은술
후춧가루 약간

Spread
마요네즈 1큰술

알싸한 달래와 고소한 봄동 등 특유의 맛과 향이 일품인 봄나물과 달큰한 양념 맛이 일품인 소고기 불고기가 어우러진 밥보다 맛있는 한식 샌드위치랍니다.

1 소고기는 작게 썰어 분량의 재료를 섞어 만든 불고기양념에 버무린 뒤 올리브오일 두른 달 군 팬에 올려 바삭하게 볶는다.

2 치아바타는 반을 갈라 달군 팬에 잘린 면을 살짝 구워 한 김 식힌 다음 구운 면에 마요네즈 를 각각 바른다.

3 마요네즈를 바른 빵 위에 봄동과 구운 불고기를 올리고 허니머스터드를 뿌린 다음 손질한 봄나물을 올린다. 남은 빵 반쪽을 덮는다.

Spring Greens beef Sandwich

봄나물 불고기 샌드위치

Ingredient_1개분
베이글 1개
훈제연어 3장
양상추 2장
양파 1/8개
케이퍼 4개
홀스래디시소스 1큰술

Spread
씨겨자 1작은술

갓 구운 베이글에 미리 케이퍼에 재워둔 훈제연어만 올리면 끝! 바쁜 아침 시간에 후다닥 만들어 먹기 좋은 심플 샌드위치예요.

1 양파는 채 썰어 찬물에 10분 정도 담근 후 물기를 제거하고 양상추는 씻어서 작게 뜯는다.

2 베이글을 가로로 슬라이스 해 2등분한 뒤 달군 팬에 잘린 단면을 굽거나, 오븐에 넣어 굽는다.

3 구운 베이글을 한 김 식힌 뒤 구운 면에 씨겨자를 각각 바른다.

4 빵 위에 양상추, 훈제연어, 채 썬 양파, 케이퍼 순으로 올리고 홀스레디시소스를 뿌린 다음 남은 빵 반쪽을 덮는다.

Smoked Salmon Bagel

훈제연어 베이글

Egg & Cheese & ham

달걀, 치즈, 햄을 활용한 DIY 샌드위치

늘 집에 있는 달걀, 치즈, 햄을 활용해 충분히 맛있고 근사한 샌드위치를 만들 수 있어요. 평소 자주 쓰면서도 잘 알지 못했던 달걀, 치즈, 햄의 종류와 선택법, 조리법을 익혀보세요.

1 달걀

균형 잡힌 영양과 뛰어난 맛을 지닌 달걀은 가격까지 저렴해 모두에게 사랑받는 국민 식재료다. 껍데기가 까칠하고 광택이 없는 것이 신선하며 깨뜨렸을 때 노른자가 봉긋하고, 흰자가 퍼지지 않아야 한다. 달걀은 냄새가 잘 스미는 특성이 있으니 생선이나 양파, 김치같이 향이 진한 음식과는 함께 두지 않는다.

2 크림치즈

숙성시키지 않은 생치즈의 일종으로 지방 함량이 높아 크림처럼 부드러운 질감과 진한 치즈 맛을 느낄 수 있다. 짠맛이 거의 없고, 새콤한 향이 나는 것이 특징이다. 생치즈는 숙성시키지 않아 신선한 맛을 즐길 수 있는 대신 쉽게 상할 수 있는 단점이 있다. 크림치즈를 살 때는 유통기한을 잘 확인하여 필요한 양만 구입하고, 바로 먹는 것이 좋다. 남은 치즈는 랩으로 싸서 냉장 보관한다.

6 햄

고기를 가공해서 만드는 햄은 재료와 모양에 따라 종류가 다양하다. 보통은 붉은색을 띠는 햄이 대부분이고 닭고기, 칠면조 등으로 만든 햄은 하얀색이다. 샌드위치 단골 재료로 쓰이는 햄은 한 덩어리로 되어 있는 것은 얇게 슬라이스 해 사용하고, 슬라이스 된 제품도 있으니 활용하면 된다. 그대로 팬에 구우면 기름진 식감과 훈연 향이 진해져 더욱 맛이 좋아진다.

3 리코타 치즈

상큼한 맛과 향, 입에서 사르르 녹아내리는 촉촉한 식감이 좋은 리코타 치즈는 우유만 있으면 집에서 누구나 손쉽게 만들어 먹을 수 있는 생치즈의 일종이다. 만들어서 바로 먹을 때 가장 풍미가 좋으며 샐러드에 바로 올려 먹기도 하고 빵 속에 채워 샌드위치를 만들거나 디저트에도 사용된다.

4 생 모차렐라 치즈

이탈리아 요리에 자주 등장하는 모차렐라 치즈는 쫀쫀한 질감과 신선한 맛을 느낄 수 있는 생치즈다. 처음 구입했을 때는 물기가 촉촉이 젖어 있으니 사용하기 직전 물기를 제거하고 요리한다. 가열하지 않고 생치즈 그대로 먹어도 충분히 맛있지만, 팬이나 오븐에 구우면 고소한 맛이 더욱 살아난다. 신선한 과일에 곁들여 가벼운 술안주로 먹어도 잘 어울린다.

5 파르메산 치즈

프랑스 파르마 지역을 중심으로 생산된 치즈로 대개 조각케이크 모양으로 포장되어 판매한다. 단단하면서도 부서지기 쉬운 질감으로 가루를 내거나 슬라이스 하여 각종 요리에 끼얹어 사용한다. 시중에 갈아서 나온 제품도 있지만, 고형 제품을 갈아서 사용하는 것이 훨씬 맛과 향이 좋다.

7 소시지

곱게 간 돼지고기 또는 소고기를 창자 또는 식용으로 만든 인공 주머니에 담아 삶거나 훈연시켜서 만든다. 씹히는 식감이 뛰어나며, 구워서 다른 음식들과 곁들여 먹거나 빵에 넣어 핫도그, 샌드위치를 만들어도 맛이 좋다.

Egg DIY Sandwich

담백하고 고소한 맛의 달걀은 삶거나,
볶거나, 굽거나 어떻게 조리해도 맛을
보장하는 사랑스러운 재료예요. 다양한
재료와 함께 곁들여 샌드위치로 변신시
켜보세요.

달걀샐러드

달걀 2개, 오이 1/4개, 양파 1/8개, 마요네즈 2큰술, 머스터드 2작은술, 꿀 1작은술, 레몬즙 2/3작은술

1 달걀은 완숙으로 삶아 굵게 다지고, 오이와 양파도 달걀과 비슷한 크기로 다진다.

2 볼에 ①을 담고 마요네즈, 머스터드, 꿀, 레몬즙을 넣어 살살 버무린다.

오믈렛

달걀 2개, 다시마국물 30mL, 설탕 1작은술, 맛술 2/3작은술, 간장·소금 약간씩, 포도씨유 적당량

1 볼에 달걀, 다시마국물, 설탕, 맛술, 간장, 소금을 넣고 젓가락을 세워서 곱게 풀고 체에 한 번 거른다.

2 달군 팬에 포도씨유를 두르고 ①을 부은 뒤 한쪽 끝에서 조금씩 말아가며 도톰한 오믈렛을 만든다.

수란

달걀 2개, 식초 3큰술, 소금 약간

1 냄비에 물을 10cm 이상 높이로 붓고 소금과 식초를 넣어 끓인다. 국자에 달걀을 담고 끓는 물속에 살짝 잠기도록 해서 익힌다.

2 달걀흰자가 하얗게 익으면 국자를 뒤집어 물속에 빠뜨리고 1분 정도 그대로 익힌다. 익은 수란은 국자로 건져 찬물에 담가둔다.

스크램블드에그

달걀 1개, 파르메산 치즈가루 4g, 우유 1큰술, 포도씨유 1작은술

1 볼에 달걀, 우유, 파르메산 치즈가루를 넣고 골고루 섞는다.

2 달군 팬에 포도씨유를 두르고 ①을 부어 약한 불에서 젓가락으로 휘저어가며 익힌다.

cheese & Ham DIY Sandwich

샌드위치를 만들 때는 부드러운 식감의 치즈가 많이 활용된답니다. 집에 있는 크림치즈에 한두 가지 재료만 섞어 빵에 발라도 전혀 다른 맛의 샌드위치를 만들 수 있어요. 햄과 소시지도 마찬가지에요. 살짝만 조리해 맛을 살려보세요.

리코타 치즈

우유 1L, 생크림 400mL, 꿀 1큰
술, 소금 1큰술, 레몬즙 1개분

1 냄비에 우유, 생크림, 꿀, 소금, 레몬
즙을 넣고 중간 불에서 끓인다. 우유
가 응고되기 시작하면 가끔 주걱으로
저어준다.

2 나무주걱에 치즈가 묻어날 정도로
응고되면 불을 끄고 면보에 걸러
물기를 뺀 뒤, 면보 그대로 감싸서 무거
운 것으로 반나절 정도 눌러둔다. 치즈
가 완성되면 냉장고에 보관한다.

블루베리 크림치즈

크림치즈 200g, 블루베리잼
40g, 호두 3알

1 크림치즈는 실온에 두어 부드럽게
만들고 호두는 반을 잘라 팬에 구워
잘게 다진다.

2 크림치즈를 숟가락으로 저어 부드
럽게 만든 뒤 블루베리잼과 호두를
넣어 골고루 섞는다.

햄감자샐러드

햄 50g, 감자 1개, 오이 1/4개,
양파 1/8개, 무염버터 5g, 마요
네즈 1큰술, 소금·후춧가루 약
간씩

1 감자는 껍질 벗기고 삶아서 뜨거울
때 으깬 뒤 버터와 마요네즈를 넣고
골고루 섞는다.

2 햄은 사방 1cm 크기로 네모지게 썰
고, 오이와 양파는 좀 더 작은 크기
로 썬 다음 ①에 넣어 섞은 뒤 소금, 후
춧가루로 간한다.

소시지구이

소시지 1개, 포도씨유 적당량

1 달군 팬에 포도씨유를 두르고 소시
지를 올려 노릇하게 굽는다.

2 ①에 물을 1cm 정도 높이로 붓고,
물이 다 증발할 때까지 익힌다.

Ingredient_1개분
크루아상 1개
달걀샐러드 1/2컵(73p)

Spread
마요네즈 1큰술

달걀샐러드만 있으면 어떤 빵에 넣어도 금세 샌드위치가 완성된답니다. 진한 버터 맛이 좋은 크루아상 사이에 넣어보세요. 맛도 모양도 근사해져요.

1 크루아상은 반을 갈라 자른 면에 각각 마요네즈를 얇게 펴 바른다.
2 마요네즈 바른 빵 위에 달걀샐러드를 올리고 나머지 빵을 덮는다.
양상추나 슬라이스 햄을 함께 넣어도 좋아요.

Egg Sandwich

에그 샌드위치

아이들이 특히 좋아하는 햄감자샐러드샌드위치는 피크닉 갈 때 만들기 좋아요. 빵에 스프레드를 듬뿍 바른 뒤 속재료를 넣으면 시간이 지나도 눅눅해지지 않고 폭신한 식감을 즐길 수 있어요.

1 식빵 2장의 한쪽 면에 각각 마요네즈를 얇게 펴 바른다.

2 마요네즈 바른 빵 위에 햄감자샐러드를 올리고 나머지 식빵을 덮는다.

샌드위치를 바로 먹지 않을 때는 마요네즈를 바른 뒤 버터를 한 번 더 발라주면 촉촉한 식감을 유지할 수 있어요.

Ham Potato Sandwich

햄감자샐러드
샌드위치

class.03

Sandwich with

누구나 좋아하는
대표 샌드위치

Easy
SANDWICH 01

인기 샌드위치

매일 먹고 싶은 인기 샌드위치를 내 손으로 직접 만들어보세요. 누구나 쉽게 근사한 맛과 모양을 낼 수 있도록 속재료 준비부터 빵 굽기, 조립하기, 완성해서 담기까지 차근차근 순서대로 알려드려요. 바쁜 아침에도, 출출한 밤에도 언제든 간편하게 따라 할 수 있답니다.

베이컨과 양상추, 토마토를 넣어 만드는
기본 샌드위치예요. 베이컨을 구운 뒤
기름기를 꼼꼼히 제거해야
식어도 느끼하지 않아요.

BLT 샌드위치

1. 준비하기

1

2

3

4

Ingredient_1개분
식빵 2장
베이컨 2장
토마토 1/2개
양상추 2장

Spread
무염버터 10g

양파토마토마요 1큰술
마요네즈 2작은술
다진 양파 2작은술
토마토케첩 2작은술
설탕 1/2작은술

<u>1</u> 양파토마토마요 재료를 모두 섞어 스프레드를 완성한다.

<u>2</u> 베이컨을 달군 팬에 올려서 바삭하게 구운 다음, 종이타월로 기름기를 빼고 반으로 썬다.

<u>3</u> 토마토는 1cm 두께로 슬라이스 하고, 양상추는 깨끗이 씻어 물기를 뺀 뒤 적당한 크기로 뜯는다.

<u>4</u> 달군 팬에 식빵을 올려 앞뒤로 굽고 한 김 식힌다.

2. 조립하기

 +  +  +  +  +  +

식빵   버터 5g   양상추   베이컨   토마토   양파토마토마요   버터 5g 바른 식빵

식빵 3장을 겹쳐 사이사이에
닭고기와 치즈, 베이컨 등의 재료를
가득 넣어 쏟아질 듯 두툼하게 만드는 것이
클럽 샌드위치의 특징이죠.
한 끼 식사로도 충분한 샌드위치랍니다.

클럽 샌드위치

1. 준비하기

1

2

3

4

Ingredient_1개분
식빵 3장
슬라이스 그뤼에르 치즈 1장
닭가슴살 1조각
삶은 달걀 1개
베이컨 2줄
토마토 1/2개
양상추 6g
소금·후춧가루 약간씩
포도씨유 적당량

Spread
무염버터 15g

허브마요 4큰술
마요네즈 3⅓큰술
다진 허브 1½큰술

1 허브마요 재료를 모두 섞어 스프레드를 완성한다.

2 달군 팬에 포도씨유를 두르고 닭가슴살을 올린 뒤 소금, 후춧가루를 뿌려 중간 불에서 앞뒤로 굽는다.

3 삶은 달걀은 1cm 두께로 슬라이스 하고, 토마토는 0.7cm 두께로 슬라이스 한다. 양상추는 씻어서 작게 뜯는다.

4 식빵은 달군 팬에 노릇하게 구워 식히고, 베이컨은 팬에 올려 중간 불에서 바삭하게 굽는다. 구운 베이컨은 종이타월로 기름기를 뺀다.

2. 조립하기

버터 5g 바른
식빵

+

양상추
+ 그뤼에르 치즈

+

토마토
+ 허브마요
2큰술

+

버터 5g 바른
식빵

+

구운 닭가슴살

+

베이컨
+ 삶은 달걀

+

허브마요 2큰술
+ 버터 5g 바른 식빵

언제 먹어도 맛있는 참치 샌드위치를
집에서 건강하게 즐겨보세요.
참치를 체에 걸러 기름을 쏙 빼고,
새콤한 레몬마요에 버무려 만들면
느끼함이 사라진 최고의 맛이 탄생합니다.

참치 샌드위치

1   2   3

4   5   6

7

Ingredient_1개분
크루아상 1개
참치 통조림 1/2캔
양상추 2장
셀러리 6cm 1줄기
적양파 10g
블랙올리브 10g

레몬마요 3큰술
마요네즈 2½큰술
레몬즙 2작은술
레몬제스트 1/4개분
설탕 1작은술
후춧가루 약간

1 레몬마요 재료를 모두 섞어 스프레드를 완성한다.

2 참치는 체에 받쳐 기름을 쏙 뺀다.

3 양상추는 씻어서 작게 뜯고 셀러리는 작게 다진다. 적양파는 채 썰고 블랙올리브는
　아얇게 슬라이스 한다.

4 볼에 기름 뺀 참치와 셀러리, 적양파, 블랙올리브를 담고 레몬마요 2큰술을 넣어
　버무린다.

5 크루아상은 한쪽 끝이 붙어 있도록 가운데를 반을 가른다.

6 크루아상 안쪽에 골고루 레몬마요 1큰술을 바른다.

7 스프레드 바른 크루아상에 양상추를 깔고 ④를 듬뿍 넣어 샌드위치를 완성한다.

바삭하게 구운 돈가스를 빵 사이에 넣어
고소한 소스를 뿌려 맛을 낸 일본식
인기 샌드위치예요. 돈가스소스는 살짝
달콤하게 맛을 내야 잘 어울려요.
참깨를 바로 갈아 넣으면
맛과 향이 더욱 좋아집니다.

돈가스 샌드위치

1. 준비하기

1

2

3

4

Ingredient_1개분
치아바타 1개
양배추 40g
돈가스소스 1큰술
깨소금 1작은술
소금·후춧가루 약간씩

돈가스
돼지고기 등심 120~150g
달걀 1개
밀가루 1큰술
빵가루 1/3컵
포도씨유 적당량

Spread
무염버터 10g

1 양배추는 얇게 채 썰어 찬물에 10분 정도 담근 뒤 체에 받쳐 물기를 뺀다.

2 돼지고기에 소금, 후춧가루를 뿌려 20분 정도 밑간하고, 밀가루와 달걀 푼 물, 빵가루 순서로 튀김옷을 입힌다.

3 튀김옷 입힌 돼지고기를 180℃ 포도씨유에 넣어 바삭하게 튀긴다. 튀긴 돈가스는 종이타월에 올려 기름기를 뺀다.

4 치아바타는 길게 반으로 자르고 달군 팬에 올려 잘린 면을 굽는다.

2. 조립하기

+

+

+

+

+

버터 5g 바른
치아바타

돈가스

돈가스소스

참깨가루

채 썬 양배추

버터 5g 바른
치아바타

지글지글 갓 구운 치즈 샌드위치는
눈, 코, 입 모두가 행복해지는
최고의 맛을 선물한답니다.
파니니그릴에 꾹 눌러 만들어야 하지만
없을 때는 팬에 올려 무거운 그릇으로
눌러주면 간단해요.

그릴드 치즈 샌드위치

1

2

3

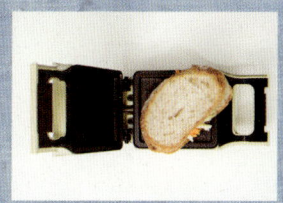
4

Ingredient_1개분
사워도우브레드 2장 또는
호밀빵 슬라이스(1cm 두께) 2장
피자 치즈 1/2컵
체더치즈 1큰술
그뤼에르 치즈 1큰술
에멘탈 치즈 2큰술
실파 1/2뿌리
녹인 무염버터 10g
후춧가루 약간

1 준비한 치즈는 모두 얇게 채 썬다.

2 파를 얇게 송송 썰어 볼에 담고 채 썬 치즈와 후춧가루와 함께 섞는다.

3 사워도우브레드 위에 ②를 듬뿍 올리고 나머지 빵으로 덮는다.

4 예열한 파니니그릴에 녹인 버터를 바르고 ③을 올려 치즈가 녹을 때까지 눌러 굽는다.

상큼한 토마토, 향기로운 바질.
쫀득한 생 모차렐라 치즈의 조화가 일품이에요.
블랙올리브가 쏙쏙 박힌 고소한 포카치아가
한 몫 한답니다.

카프레제 샌드위치

1. 준비하기

1

2

3

Ingredient_1개분
포카치아 1개
토마토 1/2개
생 모차렐라 치즈 1개
바질 잎 3~5장
발사믹글레이즈 1/2큰술
소금·후춧가루 약간씩

Spread
올리브오일 1큰술

바질페스토 1큰술
바질 10g
잣 7g
구운 호두 3g
마늘 1/2톨
올리브오일 2큰술
파르미지아노 치즈가루 20g
소금·후춧가루 약간씩

1 바질페스토 재료를 모두 믹서에 넣고 곱게 갈아 스프레드를 완성한다.

2 모차렐라 치즈와 토마토는 1cm 두께로 슬라이스 한다.

3 포카치아는 길게 반으로 가른다.

2. 조립하기

포카치아

+

올리브오일
+ 오른쪽 바질페스토

+

토마토
+ 모차렐라 치즈

+

바질 잎

+

발사믹글레이즈

Croque Madame
크로크마담

Croque Monsieur
크로크무슈

크로크무슈

식빵 사이에 그뤼에르 치즈와 햄을 넣고 고소한 베샤멜소스를 듬뿍 끼얹어 만드는
프랑스식 대표 샌드위치랍니다.

Ingredient_1개분
식빵(1.5cm 두께) 2장, 슬라이스 화이트 햄 1장, 슬라이스 그뤼에르 치즈 2장, 소금·후춧가루 약간씩
Spread 무염버터 20g
베샤멜소스 3큰술 무염버터 15g, 우유 100mL, 밀가루 1큰술, 넛맥가루 1/3작은술, 소금 약간

<u>1</u> 팬에 버터 15g을 올려 조금 약한 불에서 녹이고 밀가루를 넣어 1~2분 정도 볶은 뒤
우유를 세 번에 나누어 넣고 걸쭉해질 때까지 저어가며 끓인다. 넛맥가루, 소금, 후춧
가루를 넣어 간하여 베샤멜소스를 완성한다.

<u>2</u> 식빵 2장 한쪽에 각각 버터를 바른 다음 버터 바른 빵 한쪽에 베샤멜소스 2큰술을 바
르고 그뤼에르 치즈 1장, 화이트 햄 1장을 올린다.

<u>3</u> 남은 버터 바른 빵으로 ②를 덮고 다시 베샤멜소스 1큰술을 바르고, 그뤼에르 치즈 1
장을 올린다.

<u>4</u> 180℃ 오븐에 ③을 넣어 치즈가 녹아내리도록 8~10분 정도 굽는다.

\# 오리지널 크로크무슈는 식빵 대신 버터 맛이 진한 브리오슈 식빵을 사용한다. 브리오슈 식빵을 쓸 경우에
는 스프레드용 버터를 2작은술만 쓰면 된다.

크로크마담

크로크무슈 위에 달걀프라이를 올려서 만드는 크로크마담은 달걀프라이가 마치
여자가 모자를 쓴 모습과 닮았다고 해서 붙여진 이름이랍니다.

Ingredient_1개분
브리오슈 식빵(1.5cm 두께) 2장, 화이트 슬라이스 햄 1장, 슬라이스 그뤼에르 치즈 2장, 달걀 1개, 포도씨유
1작은술, 소금·후춧가루 약간씩
Spread 무염버터 10g
베샤멜소스 3큰술 무염버터 15g, 우유 100mL, 밀가루 1큰술, 넛맥가루 1/3작은술, 소금 약간

<u>1</u> 팬에 버터 15g을 올려 조금 약한 불에서 녹이고 밀가루를 넣어 1~2분 정도 볶은 뒤
우유를 세 번에 나누어 넣고 걸쭉해질 때까지 저어가며 끓인다. 넛맥가루, 소금, 후춧
가루를 넣어 간하여 베샤멜소스를 완성한다.

<u>2</u> 브리오슈 2장 한쪽에 각각 버터를 바른 다음 버터 바른 빵 한쪽에 베샤멜소스 2큰술
을 바르고 그뤼에르 치즈 1장, 화이트 햄 1장을 올린다.

<u>3</u> 남은 버터 바른 빵으로 ②를 덮고 다시 베샤멜소스 1큰술을 바르고, 그뤼에르 치즈 1
장을 올린다.

<u>4</u> 180℃ 오븐에 ③을 넣어 치즈가 녹아내리도록 8~10분 정도 굽는다.

<u>5</u> 달걀을 프라이 해 ④에 올린다. 기호에 따라 소금과 후춧가루를 뿌린다.

호밀빵에 사우전아일랜드소스를 바르고
비프파스트라미와 고다 치즈, 사워크라우트를 얹어서 만든
루벤 샌드위치. 소고기를 절여서 만든 비프파스트라미와
아삭아삭 새콤한 독일식 양배추 절임인 사워크라우트가 만나
고급스런 맛과 모양이 특징입니다.

루벤 샌드위치

1. 준비하기

1   2   3

<u>1</u> 사우전아일랜드소스 재료를 모두 섞어 소스를 완성한다.

<u>2</u> 양배추와 양파는 얇게 채 썰고 식초와 소금을 뿌려 10분간 절인 다음 설탕 1작은술
로 버무린다. 달군 팬에 절인 양배추와 양파를 올리고 월계수 잎을 넣어 중간 불로
살짝 볶아 사워크라우트를 완성한다.

<u>3</u> 달군 팬에 호밀빵을 살짝 구워 한 김 식힌다.

Ingredient_1개분
호밀빵 슬라이스(1.2cm 두께) 2장
비프파스트라미 2장
슬라이스 고다 치즈 2장
소금, 후춧가루 약간씩

사워크라우트 100g
양배추 100g
양파 20g
식초 40mL
월계수 잎 1장
설탕 1작은술
소금 약간

사우전아일랜드소스 2큰술
마요네즈 1½큰술
토마토케첩 2/3큰술
다진 양파 1작은술
다진 피클 1작은술
굴소스 1/4작은술
피클물 약간

Spread
머스터드 1큰술
무염버터 5g

2. 조립하기

 +  +  +  +  +  +

호밀빵   버터
+ 머스터드 1/2큰술   비프파스트라미
2장   고다치즈 2장   사워크라우트   사우전아일랜드   머스터드 1/2큰술
바른 호밀빵

유명 패밀리레스토랑의 인기 메뉴인
몬테크리스토 샌드위치는 빵 사이에
햄, 치즈 등을 넣고 기름에 튀겨서 만들어요.
하지만 여기서 소개하는 레시피는
튀기지 않고 구워서 칼로리를 낮추고
담백함을 살렸어요.

몬테크리스토 샌드위치

1   2   3

4   5   6

Ingredient_1개분
식빵 3장
달걀 1개
슬라이스 아메리칸 치즈 1장
체더치즈 1장
슬라이스 햄 2장
슬라이스 화이트 햄 2장
무염버터 20g
우유 1/2컵
파르메산 치즈가루 2큰술
슈거파우더 약간

딸기콤포트 1큰술
딸기 250g
설탕 100g
레몬즙 1큰술
레몬제스트 ½개분
바닐라 에센스 1~2방울

허니머스터드 1큰술
머스터드 2작은술
마요네즈 2큰술
레몬즙 2/3작은술
꿀 1작은술

1   딸기는 씻어서 물기를 제거해 냄비에 담고 설탕, 레몬즙, 레몬제스트를 넣어 30분 정도 끓인다. 마지막에 바닐라에센스를 넣고 불을 끈 뒤 식히면 딸기 콤포트가 완성된다.

2   볼에 허니머스터드 재료를 모두 넣고 골고루 섞어 소스를 완성한다.

3   식빵 1장에 허니머스터드를 바르고 체더치즈, 슬라이스 햄을 올린다. 그 위에 다른 식빵 1장을 올리고 딸기콤포트를 바른 뒤 아메리칸 치즈, 슬라이스 화이트 햄을 올린다.

4   남은 식빵에 허니머스터드를 발라 ③ 위에 덮는다.

5   달걀, 우유, 파르메산 치즈가루를 섞어 달걀물을 만들고 ④를 앞뒤로 5분씩 담가준다.

6   팬에 버터 10g을 녹이고 ⑤를 올려 조금 약한 불에서 1~2분 정도 구워 노릇해지면 뒤집고 남은 버터 10g을 넣고 뚜껑을 덮어 다시 1~2분 정도 더 굽는다. 한 김 식으면 먹기 좋은 크기로 자르고 슈거파우더를 뿌려낸다.

미국 가수 엘비스 프레슬리가
가장 좋아했다고 해서
이름도 엘비스 샌드위치가 되었어요.
바나나와 피넛버터, 베이컨의 조합이
오묘해보이면서도 맛이 훌륭하답니다.

엘비스 샌드위치

1   2   3

4   5   6

Ingredient_1개분
곡물식빵 2장
바나나 1/2개
베이컨 2장
꿀 1/2큰술
무염버터 10g

피넛버터 2큰술
땅콩 50g
메이플시럽 또는 꿀 1/4큰술
카놀라유 1/2큰술
소금 약간

<u>1</u> 피넛버터 재료를 모두 믹서에 넣고 곱게 갈아 스프레드를 완성한다.

<u>2</u> 베이컨을 달군 팬에 올려서 바삭하게 구운 뒤 키친타월에 올려 기름기를 뺀다.

<u>3</u> 바나나는 껍질을 벗겨 원형으로 0.7 cm 두께로 슬라이스 한다.

<u>4</u> 곡물식빵 한쪽에 각각 피넛버터를 바른다.

<u>5</u> ④ 위에 바나나, 베이컨 순서로 올리고 꿀을 뿌린다.

<u>6</u> 남은 피넛버터 바른 빵으로 ⑤를 덮고 파니니그릴에 버터를 발라 예열한 뒤 샌드위치를 올려 30초간 눌러 굽는다.

카레마요 소스로 양념한 닭고기를 넣어 만든
맛과 영양을 모두 생각한
샌드위치랍니다.
크랜베리와 아몬드가 들어 있어
씹히는 맛이 좋답니다.

chicken Curry Sandwich

치킨카레 샌드위치

1. 준비하기

1   2   3

1 끓는 물에 청주, 통후추, 소금, 닭가슴살을 넣고 삶은 뒤 닭가슴살을 작게 찢는다. 찢은 닭가슴살과 말린 크랜베리, 아몬드슬라이스를 볼에 담고 분량의 재료를 모두 섞어 만든 카레마요소스로 버무린다.

2 토마토는 얇게 슬라이스 하고 양상추와 로메인은 씻어서 작게 뜯는다.

3 치아바타는 한쪽 끝이 붙어 있도록 반을 가른다.

Ingredient_1개분
치아바타 1개
닭가슴살 1개
토마토 1/2개
로메인 2장
양상추 2장
말린 크랜베리 1큰술
구운 아몬드슬라이스 1큰술
청주 1/2큰술
통후추 6알
소금 약간

카레마요 3큰술
마요네즈 1½큰술
카레가루 2/3작은술
꿀 1/2큰술
레몬즙 1/2작은술

Spread
무염버터 15g
머스터드 2작은술

2. 조립하기

 +  +  +

버터 + 머스터드   양상추   토마토   양념한 닭가슴살
바른 치아바타   + 로메인

동그란 빵을 세모꼴로 파내고
통통한 새우와 타르타르 소스를 올려서 만든
색다른 모양의 샌드위치예요.
먹기 직전 신선한 레몬즙을 뿌리면 맛이 더 살아나요.

새우튀김 샌드위치

1. 준비하기

1

2

3

4

Ingredient_2개분
둥근 곡물빵 2개

새우튀김
대하 2마리
토마토 1/2개
오이 1/3개
밀가루 1큰술
달걀 1개
빵 가루 2큰술
소금·후춧가루 약간씩
포도씨유 적당량

타르타르소스 2큰술
삶은 달걀 1/2개
다진 양파 1큰술
다진 피클 1큰술
마요네즈 6큰술
파슬리가루 1/2큰술
후춧가루·레몬즙 약간씩

<u>1</u> 삶은 달걀을 으깨서 볼에 담고 나머지 타르타르소스 재료를 모두 넣어 골고루 섞어 소스를 완성한다.

<u>2</u> 토마토는 0.7cm 두께로 슬라이스 하고 오이도 얇게 슬라이스 해서 소금물에 10분 정도 담가 절인 뒤 물에 헹궈 물기를 꽉 짠다.

<u>3</u> 새우는 일자가 되도록 꼬치를 끼워 소금, 후춧가루로 밑간하고 밀가루, 달걀 푼 물, 빵가루 순서로 묻혀 160℃ 포도씨유에 바삭하게 튀긴 후 꼬치를 뺀다.

<u>4</u> 빵의 가운데 부분을 웨지 모양으로 파내듯 자른다.

2. 조립하기

둥근 곡물빵

+

타르타르

+

토마토

+

오이 절임

+

새우튀김

두툼한 수제 패티를 스테이크소스로
양념해 구웠더니 보기만 해도
먹음직스러워졌어요.
햄버거 빵에 양상추를 넣어
버거를 만들어도 좋고
그대로 스테이크로 즐겨도 좋아요.

함박스테이크 버거

1. 준비하기

1

2

3

4

Ingredient_1개분

햄버거 빵 1개
슬라이스 치즈 2장
양상추 2장
적양파 1/4개
피클 1개

햄버거 패티 1개

다진 소고기 50g
다진 돼지고기 50g
대파 3cm 1줄기
양파 1/8개
마늘 1개
청주 1/2큰술
설탕 1/8큰술
빵가루 1큰술
포도씨유 1작은술
소금·후춧가루 약간씩

마늘스테이크소스 3큰술

A1스테이크 소스 3큰술
다진마늘 1/2작은술
씨겨자 2작은술

Spread

무염버터 10g

1 마늘스테이크소스 재료를 볼에 모두 넣고 섞는다.

2 대파, 양파, 마늘은 잘게 다져 고기와 섞는다. 여기에 청주, 설탕, 빵가루, 소금, 후춧가루를 넣고 잘 치댄다. 고기를 둥글게 빚은 후 테두리보다 가운데 부분을 조금 얇게 눌러 만든다. 중불로 달군 팬에 포도씨유를 두르고 노릇하게 속까지 익힌다.

3 적양파는 얇게 슬라이스 해 팬에 살짝 볶고 양상추는 씻어 물기를 제거한다.

4 햄버거 빵은 가로로 슬라이스 해 2등분하여 중불로 달군 팬에 잘린 면만 노릇하게 굽는다.

2. 조립하기

 +  +  +  +  +  +

버터 5g 바른 햄버거 빵 + 양상추 + 햄버거 패티 + 마늘스테이크소스 + 치즈 + 피클 + 적양파 + 마늘스테이크소스 + 버터 5g 바른 햄버거 빵

Easy
SANDWICH 02

브런치
샌드위치

느긋하게 창가 테이블에 앉아 차를 마시며 브런치 샌
드위치를 즐겨보세요. 요즘 가장 인기 있는 레시피만
모았어요. 간단한 베이글에서부터 럭셔리한 스테이
크 샌드위치까지 카페에서 즐기던 요리를 우리집 식
탁에 차려보세요.

에그 베네딕트는 뉴요커들이 즐겨 찾는
정통 뉴욕스타일의 브런치 요리랍니다.
쫄깃한 잉글리시 머핀 위에
햄과 부드러운 수란을 올리고 홀랜다이즈소스를
듬뿍 끼얹어 고급스러운 맛과 모양을 냈어요.

에그 베네딕트

1. 준비하기

1   2   3

4

Ingredient_1개분
잉글리시 머핀 1개
시금치 70g
슬라이스 햄 1장 또는 베이컨 2장
무염버터 10g
소금·후춧가루 약간씩

수란
달걀 1개
식초 2큰술
소금 약간

홀랜다이즈소스 3큰술
달걀노른자 2개
녹인 무염버터 100g
레몬즙 1큰술
물 1큰술
소금·후춧가루 약간씩

<u>1</u> 작은 볼에 달걀노른자와 물 1큰술을 담고, 중간 불로 데우고 있는 물 위에 올려 중
탕시켜가며 거품기로 섞는다. 여기에 녹인 버터를 조금씩 넣어가며 크림처럼 부드
러워질 때까지 계속 섞고 거품이 생기면 모두 걷어낸다. 중탕 물이 팔팔 끓으면 레
몬즙, 소금, 후춧가루를 섞은 다음 체에 내려 소스를 완성한다.

<u>2</u> 냄비에 물을 넉넉히 붓고 식초와 소금을 넣어 끓인다. 끓는 물에 국자를 반 정도 담
그고, 국자 안에 달걀을 넣어 익힌다. 달걀흰자가 어느 정도 하얗게 익으면 달걀을
물속에 퐁당 빠뜨려 1분 정도 더 익힌다. 완성된 수란은 찬물에 담가둔다.

<u>3</u> 팬에 버터를 녹인 뒤 씻어서 반을 자른 시금치를 넣고 볶는다. 익으면 불을 끄고 소
금, 후춧가루로 간한다. 같은 팬에 햄을 올려 굽고 종이타월로 기름기를 없앤다.

<u>4</u> 잉글리시 머핀을 가로로 반을 가르고, 잘린 면을 구워 한 김 식힌다.

2. 조립하기

 +  +  +  +  +

홀렌다이즈소스　　슬라이스 햄　　볶은 시금치　　수란　　홀렌다이즈 소스　　잉글리시 머핀
1큰술 바른　　　　　　　　　　　　　　　　　　　　　2큰술
잉글리시 머핀

서양식 상추 로메인에 안초비로 감칠맛을 살린
시저드레싱을 듬뿍 끼얹어 고소한 포카치아 사이에
넣어 만든 브런치 샌드위치.
삶은 달걀을 곁들이면 금상첨화랍니다.

시저 샌드위치

1. 준비하기

1

2

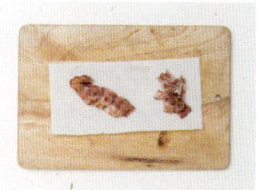
3

4

5

Ingredient_1개분
포카치아 1개
삶은 달걀 1개
베이컨 2장
로메인 40g
파르메산 치즈가루 1작은술

Spread
무염버터 10g

시저드레싱 2큰술
달걀노른자 1개
다진 안초비 1개분
다진 마늘 1/2큰술
토마토케첩 1/2작은술
우스터소스 1/2작은술
올리브오일 3큰술

1 시저드레싱 재료를 섞어 소스를 완성한다.

2 삶은 달걀은 1cm 두께로 슬라이스 한다.

3 베이컨은 달군 팬에 올려 바삭하게 구운 다음, 종이타월로 기름을 빼고 손으로 작게 뜯는다.

4 로메인은 씻어서 물기를 털고 작게 썬 뒤 시저드레싱으로 가볍게 버무려 시저샐러드를 만든다.

5 포카치아는 길게 반을 가른다.

2. 조립하기

 +  +  +  +  +  +

포카치아   버터 5g   시저샐러드   달걀
+ 베이컨   파르메산
치즈가루   버터 5g 바른
포카치아

블루베리는 항산화작용을 하는
안토시아닌이 들어 있어 맛도 영양도 훌륭해요.
베이글에 블루베러 크림치즈를 듬뿍 바르고
생 블루베리를 쏙쏙 박아 식감을 살려주세요.

블루베리 크림치즈 베이글

1. 준비하기

1   2   3

Ingredient_1개분
베이글 1개
블루베리 30g
아몬드슬라이스 10g

블루베리 크림치즈
크림치즈 30g
블루베리잼 10g

1 블루베리 크림치즈 재료를 골고루 섞어 스프레드를 완성한다.

2 달군 팬에 아몬드슬라이스를 올려 노릇하게 구워 식힌다.

3 베이글은 가로로 반을 가르고 잘린 면이 위로 오도록 오븐 팬에 올려 180℃ 오븐에
서 8분 정도 굽는다.

2. 조립하기

 +  +  +  +

베이글   블루베리   블루베리   아몬드   블루베리 크림치즈
       크림치즈 20g   슬라이스   10g 바른 베이글

뉴욕에서 시작된 랍스터 열풍은 이제 서울에서도
인기가 만만치 않답니다. 단백질이 풍부하고
콜레스테롤은 낮아 영양도 뒤지지 않는
랍스터를 맛있게 양념해 빵에 넣어 먹는
핫 샌드위치로 뉴욕의 맛을 느껴보세요.

랍스터 샌드위치

1. 준비하기

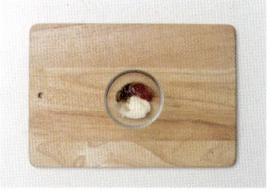
1

2

3

4

5

Ingredient_1개분
핫도그 빵 1개
랍스터 1마리(500g) 또는
랍스터 살 200g
양상추 2장

랍스터 양념
녹인 무염버터 15g
레몬즙 1작은술
화이트와인 적당량
허브가루 · 카이엔페퍼 · 소금 약간씩

TIP 랍스터 매운 양념
마요네즈 2½큰술
토마토케첩 1큰술
타바스코소스 1/2작은술
우스터소스 1/2작은술
소금 · 고춧가루 약간씩

Spread
무염버터 15g

사우전아일랜드소스 2큰술
다진 양파 1작은술
다진 피클 1작은술
마요네즈 3¼큰술
토마토케첩 1⅓큰술
굴소스 1/2작은술
피클물 약간

1 사우전아일랜드소스 재료를 모두 섞어서 스프레드를 완성한다.

2 끓는 물에 랍스터와 소금, 화이트와인을 넣고 15분 정도 삶은 뒤 꺼내서 칼로 껍질을 벗기고 살만 발라낸다.

3 랍스터 살이 따뜻할 때 녹인 버터와 레몬즙, 허브가루, 카이엔페퍼, 소금으로 골고루 버무린다.

4 양상추는 씻어서 작게 뜯고 사우전아일랜드소스 1큰술로 살짝 버무린다.

5 핫도그 빵을 끝부분만 붙어 있도록 반을 가르고 팬에 잘린 면을 올려 굽는다.

\# 매콤한 맛을 내고 싶을 때는 랍스터를 '매운 양념' 재료로 버무려 사용한다.

2. 조립하기

 +  +  +  +

핫도그 빵   버터 15g   양념한 양상추   양념한 랍스터 살   사우전아일랜드소스 1큰술

새까만 먹물식빵 위에
노란 스크램블드에그를 올리고
초록색 시금치까지 올리면,
영양이 층층이 쌓인 샌드위치가 완성됩니다.
오픈 샌드위치로 즐겨도 좋아요.

시금치 에그 샌드위치

1. 준비하기

1

2

3

4

Ingredient_1개분

먹물식빵(10cm 길이) 1개
시금치 10장
양파 1/6개
슬라이스 햄 2장
포도씨유 1작은술
소금·후춧가루 약간씩

스크램블드에그

달걀 1개
우유 1큰술
파르메산 치즈가루 1작은술
포도씨유 약간

양파토마토마요 2큰술

다진 양파 2작은술
토마토케첩 2작은술
마요네즈 2작은술
설탕 1/2작은술

1 양파토마토마요 재료를 모두 섞어 스프레드를 완성한다.

2 시금치는 손질해 깨끗이 씻고, 양파는 가늘게 채 썬다. 포도씨유를 두른 달군 팬에 채 썬 양파를 넣고 볶다가 투명해지면, 손질한 시금치를 넣고 소금, 후춧가루로 간 하여 살짝 볶는다.

3 달걀, 우유, 파르메산 치즈가루를 섞어 포도씨유를 두른 달군 팬에 올리고, 약한 불 에서 젓가락으로 저어가며 익혀 스크램블드에그를 만든다.

4 먹물식빵은 길게 반을 가른다.

2. 조립하기

 +  +  +  +  +

먹물식빵 · 양파토마토마요 · 슬라이스 햄 · 시금치볶음 · 스크램블드에그 · 먹물식빵

부드러운 닭고기 안심을
언제 먹어도 맛있는
바비큐소스로 양념해서 구웠어요.
새로운 모양의 바게트 빵을 사용해
미니 사이즈로 즐겨보세요.

바비큐 치킨 샌드위치

1. 준비하기

1

2

3

4

Ingredient_1인분
둥근 바게트 2개
닭 안심 2쪽
양상추 3장
포도씨유 1큰술

바비큐소스 2큰술
토마토소스 1큰술
간장 2작은술
설탕 2작은술

코울슬로
적양배추 1장
양파 1/8개
마요네즈 1큰술
소금·후춧가루 약간씩

Spread
마요네즈 2큰술
무염버터 20g

1 바비큐소스 재료를 모두 섞어 소스를 완성한다.

2 적양배추, 양파는 채 썰어 소금에 5분 정도 재우고 씻어서 물기를 뺀 뒤 마요네즈, 소금, 후춧가루로 버무려 코울슬로를 만든다. 양상추는 씻어서 작게 뜯는다.

3 포도씨유를 두른 달군 팬에 닭 안심을 굽고 식으면 작게 찢어서 바비큐소스로 버무린 뒤 중간 불에서 2분 정도 볶는다.

4 둥근 바게트를 반으로 가르고, 달군 팬에 올려 잘린 면을 굽는다.

2. 조립하기

미니 바게트

+

버터 5g
+ 마요네즈 1/2큰술

+

양상추

+

코울슬로

+

바비큐 치킨

+

버터 5g
+ 마요네즈 1/2큰술 바른
미니 바게트

간편한 아침으로 또는 가벼운 브런치로
잘 어울리는 베이글은 크림치즈만
발라 먹어도 좋지만, 달콤한 시럽에 절인
견과류와 말린 과일을 넣으면
더욱 든든하고 맛있답니다.

Cream Cheese nuts Bagel

크림치즈 견과 베이글

1. 준비하기

1   2   3

<u>1</u> 아몬드와 호두는 마른 팬에 살짝 볶아 한 김 식히고 크랜베리, 무화과와 함께 굵게 다진다.

<u>2</u> ①을 메이플시럽 1큰술로 버무려 견과절임을 만든다.

<u>3</u> 베이글은 가로로 반을 가르고 잘린 면이 위로 오도록 오븐 팬에 올려 180℃ 오븐에 서 8분 정도 굽는다.

Ingredient_1개분
베이글 1개
아몬드와 호두 30g
말린 크랜베리와 말린 무화과 20g
메이플시럽 1큰술

Spread
크림치즈 2큰술
메이플시럽 2작은술

2. 조립하기

 +  +  +  +

베이글   메이플시럽   크림치즈   견과절임   메이플시럽 1작은술
          1작은술   1큰술   + 크림치즈 1큰술 바른
                                                베이글

훈제연어는 따로 손질하거나 익힐 필요가 없어
간편하게 샌드위치를 만들 수 있어요.
오메가3 지방산이 풍부하며
부드러운 맛도 뛰어나 최고의 식재료 중 하나랍니다.

허브크림 연어 샌드위치

1

2

3

4

5

6

Ingredient_1개분
크루아상 1개
훈제연어 슬라이스 2장
양파 1/8개
양상추 2장
래디시 1개
케이퍼 1/2작은술
레몬즙 1작은술
소금·후춧가루 약간씩

허브크림치즈 2큰술
크림치즈 50g
다진 허브 8g

<u>1</u> 허브크림치즈 재료를 섞어 스프레드를 완성한다.

<u>2</u> 훈제연어는 소금, 후춧가루를 뿌려 밑간하고 양상추는 씻어서 작게 뜯고 케이퍼는 반으로 썬다. 양파는 채 썰고 래디시는 얇게 슬라이스 해 10분 정도 물에 담가 매운 맛을 없앤다.

<u>3</u> 크루아상은 길게 반으로 가른 다음 허브크림치즈 1큰술을 바른다.

<u>4</u> 허브크림치즈를 바른 한쪽 크루아상에 양상추와 밑간한 훈제연어를 올린다.

<u>5</u> ④에 손질한 양파와 래디시, 케이퍼를 올린다.

<u>6</u> 허브크림치즈 1큰술을 바른 남은 빵으로 덮어 완성한다.

유럽에서 아침을 맞이하는
기분을 느낄 수 있는 특별한 샌드위치예요.
스페인식 생햄, 하몽과 루콜라가
신선한 맛을 더해준답니다.

루콜라 하몽 바게트 샌드위치

1

2

3

4

5

Ingredient_1개분
미니 바게트 1개
하몽 5장
슬라이스 고다 치즈 2~3장
썬드라이드 토마토 20g
루콜라 6장

Spread
엑스트라버진 올리브오일 1작은술

<u>1</u> 루콜라는 물에 깨끗하게 씻어 물기를 제거한다. 썬드라이드 토마토는 작게 썬다.

<u>2</u> 미니 바게트는 반으로 가른다.

<u>3</u> 반을 자른 바게트에 엑스트라버진 올리브오일을 바르고 루콜라를 올린다.

<u>4</u> ③에 고다 치즈와 하몽을 올린다.

<u>5</u> ④에 썬드라이드 토마토를 올리고 남은 빵으로 덮는다.

고소한 발효빵 캄파뉴 위에
쫀득한 카망베르 치즈를 얹고
달콤한 썬드라이드 토마토를 올려 바삭하게 구우면,
카페보다 더 근사한 브런치 요리 완성입니다.

카망베르 햄 파니니

1   2   3

Ingredient_1개분
캄파뉴 슬라이스(1cm 두께) 2장
카망베르 치즈 50g
슬라이스 햄 3장
썬드라이드 토마토 10g
루콜라 4장
소금·후춧가루 약간씩

1 카망베르 치즈는 얇게 슬라이스 하고, 썬드라이드 토마토는 한입 크기로 썬다. 루콜라는 씻어서 물기를 제거한다.

2 캄파뉴 위에 슬라이스 햄, 까망베르 치즈, 썬드라이드 토마토, 루콜라 순서로 올리고 소금, 후춧가루를 뿌린 다음 남은 빵으로 덮는다.

3 달군 그릴 팬에 ②를 올리고 3분 정도 굽는다. 뒤집어서 불을 끄고 잔열로 1분 정도 더 굽는다.

뉴욕에서 인기 높은 크랩 샌드위치를
그대로 재현해보세요. 게살은 직접 게를 삶아서
살을 발라 사용해도 좋지만
시중에서 구할 수 있는 어떤 종류든 상관없어요.

크랩 샌드위치

1. 준비하기

1

2

3

4

Ingredient_1개분
치아바타 1개
게살 100g
방울토마토 3개
체더치즈 또는 콜비 치즈 30g
로메인 2장
레몬 1/8개
소금·후춧가루 약간씩

허브마요 2큰술
다진 허브 2큰술
마요네즈 3⅓큰술

<u>1</u> 허브마요 재료를 모두 섞어 소스를 만든다.

<u>2</u> 게살은 손으로 작게 뜯고, 체더치즈는 얇게 채 썬다. 방울토마토는 꼭지를 제거한 후 반으로 자르고 로메인은 씻어서 반으로 썬다.

<u>3</u> 볼에 게살, 방울토마토, 체더치즈를 넣고 허브마요 소스로 가볍게 버무린 뒤 레몬을 짜서 뿌리면 게살샐러드가 완성된다.

<u>4</u> 치아바타는 길게 반을 자르고 달군 팬에 올려 구운 뒤 한 김 식힌다.

2. 조립하기

치아바타

+

로메인

+

게살샐러드

+

치아바타

Rose Pasta Hotdog

로제파스타 핫도그

Yakisoba Hotdog

야키소바 핫도그

로제파스타 핫도그

핑크빛 소스가 입맛을 자극하는 로제파스타는 그냥 먹어도 물론 맛있지만
핫도그 빵에 넣으면 그대로 핫도그 샌드위치로 변신한답니다.

Ingredient_1개분

핫도그 빵 1개, 푸실리 50g, 게살 70g, 모차렐라 치즈 3큰술, 생크림 1¼컵, 파르메산 치즈가루 1작은술, 무염
버터 6g, 올리브오일 1큰술, 소금·후춧가루 약간씩
토마토소스 통조림 토마토 홀 1캔, 바질 잎 10장, 태국고추 3개, 굵게 다진 양파 1개, 다진 마늘 1큰술, 말린
오레가노 1/2작은술, 물엿 1큰술, 치킨스톡 1작은술, 올리브오일 3큰술

1 달군 팬에 올리브오일을 두르고 양파, 마늘을 넣고 갈색이 될 때까지 볶다가 토마토소
스의 나머지 재료를 넣고 조금 약한 불에서 저어가면서 15분 정도 끓인다. 걸쭉한 농
도가 되면 생크림을 넣고 약한 불에서 5분간 더 끓여 로제소스를 완성한다.

2 끓는 물에 푸실리와 소금 1작은술을 넣고 12분 정도 끓인다. 푸실리가 익으면 체에 받
쳐 물기를 뺀다.

3 로제소스에 삶은 푸실리와 작게 뜬 게살을 넣고 약한 불에서 5분 정도 끓이다가 불
을 끄고 모차렐라 치즈를 넣고 섞은 뒤 소금, 후춧가루로 간한다.

4 핫도그 빵은 끝부분이 붙어 있도록 길게 반을 가르고 달군 팬에 올려 잘린 면을 굽는
다.

5 구운 핫도그 빵에 버터를 바르고 로제파스타를 넣은 뒤 파르메산 치즈가루를 뿌린다.

야키소바 핫도그

달콤하면서 짭조름한 야키소바의 매력을 샌드위치로 즐겨보세요.

Ingredient_1개분

핫도그 빵 1개, 마른 메밀국수 40g, 돼지고기 삼겹살 50g, 양배추 30g, 양파 10g, 생강절임 5g, 무염버터
6g, 실파 약간
야키소바소스 간장 3큰술, 우스터소스 1큰술, 맛술 2큰술, 설탕 2큰술

1 삼겹살과 양배추는 1cm 두께로, 양파는 2cm 두께로 채 썬다. 실파는 송송 썬다.

2 냄비에 물을 넉넉히 부어 끓으면 메밀국수을 넣고 1분 30초 정도 삶는다. 익으면 찬
물에 헹궈 물기를 뺀다.

3 달군 팬에 삼겹살을 넣고 볶다가 양배추와 양파를 넣고 볶는다. 양배추의 숨이 죽으
면 삶은 메밀국수과 분량의 재료를 섞어 만든 야키소바소스를 넣고 중간 불에서 3분
정도 더 볶아 야키소바를 완성한다.

4 핫도그 빵은 붙어 있도록 길게 반을 가르고 달군 팬에 올려 잘린 면을 굽는다.

5 구운 핫도그 빵에 버터를 바르고 야키소바를 넣은 뒤 생강절임과 실파를 올린다.

바삭한 치킨과 향긋한 버섯볶음이 어우러진
건강한 홈메이드 버거를 만들어보세요.
건강한 메뉴는 맛이 없다는 고정관념을 깨주는
샌드위치랍니다.

버섯 치킨 버거

1. 준비하기

1

2

3

4

Ingredient_1개분
햄버거 빵 1개
슬라이스 고다 치즈 1장
양상추 2장
무염버터 10g
타르타르소스 2큰술

허브 버섯볶음
다양한 버섯 130g
무염버터 15g
타임가루 1/2작은술
올리브오일 2큰술
소금·후춧가루 약간씩

닭가슴살 튀김
닭가슴살 1개
녹말가루 3큰술
다진 마늘 1/2큰술
다진 생강 1/2작은술
간장·청주 1/2큰술씩
참기름 약간
소금·후춧가루 약간씩
포도씨유 적당량

칠리바비큐소스 2큰술
태국고추 4개
양파 1/2개
통조림 토마토 홀 1/2컵
다진 마늘 1큰술
토마토케첩 1/2컵
우스터소스 1큰술
말린 오레가노·타임가루
1/2작은술씩
설탕·물엿 1/2큰술씩
포도씨유 1큰술
후춧가루 약간

Spread
무염버터 10g

1 달군 팬에 포도씨유를 두르고 다진 양파와 다진 마늘, 태국고추를 올려 양파가 투명해질 때까지 볶는다. 나머지 칠리바비큐소스 재료를 모두 넣고 걸쭉한 농도가 될 때까지 약한 불로 조려 소스를 완성한다.

2 닭가슴살은 반을 갈라 칼집을 내고, 간장, 청주, 다진 마늘, 다진 생강, 참기름, 소금, 후춧가루를 섞어 만든 양념을 발라 재운다. 재운 닭가슴살에 녹말가루를 입혀 180℃ 포도씨유에 튀긴다.

3 달군 팬에 올리브오일을 두르고 버터를 녹인 뒤 타임가루와 작게 썬 버섯을 넣고 볶는다. 마지막에 소금, 후춧가루로 간하여 허브 버섯볶음을 완성한다.

4 햄버거 빵은 가로로 잘라 2등분해 달군 팬에 잘린 면을 노릇하게 굽는다.

2. 조립하기

 +  +  +  +

| 버터 5g 바른
햄버거 빵 | 양상추
+ 닭가슴살 튀김 | 치즈
+ 허브 버섯볶음 | 칠리바비큐소스
+ 타르타르소스 | 버터 5g 바른
햄버거 빵 |

Chili Meat Hotdog

칠리미트 핫도그

Sauerkraut Hotdog

사워크라우트
핫도그

사워크라우트 핫도그

통통한 소시지에 독일식 양배추 김치 사워크라우트를 듬뿍 올려 먹는
기본 스타일의 핫도그 샌드위치예요.

Ingredient_1개분

핫도그 빵 1개, 소시지 1개, , 무염버터 5g, 다진 양파 2큰술, 다진 피클 1큰술, 머스터드 1큰술, 마요네즈 1큰술, 포도씨유 적당량
사워크라우트 100g 양배추 250g, 양파 50g, 월계수 잎 1장, 식초 100mL, 설탕 1큰술, 소금 1/2작은술

1 달군 팬에 포도씨유를 두르고 소시지를 올려 노릇하게 굽는다. 물을 1cm 높이만큼 붓고 수분이 없어질 때까지 익힌다.

2 양배추와 양파는 얇게 채 썰어 식초와 소금에 10분간 절인다. 절인 양배추에 설탕 1큰술을 넣고 버무린 뒤 달군 팬에 월계수 잎과 함께 넣고 중간 불로 볶아 신맛과 수분을 날린다.

3 핫도그 빵은 끝부분이 붙어 있도록 길게 반을 가르고 달군 팬에 올려 잘린 면을 굽는다.

4 구운 핫도그 빵에 버터를 바르고 소시지, 다진 피클, 다진 양파 순서로 넣고 머스터드, 마요네즈를 선을 긋듯이 뿌린다.

5 ④ 위에 사워크라우트를 듬뿍 올린다.

칠리미트 핫도그

다진 소고기를 매콤하게 볶아 소시지와 함께 넣어 만든 핫도그예요.

Ingredient_1개분

핫도그 빵 1개, 소시지 1개, 무염버터 5g, 다진 양파 2큰술, 다진 피클 1큰술, 슬라이스 체더치즈 1장, 파슬리가루 약간, 카놀라유 적당량
칠리 미트 2큰술 통조림 토마토 홀 1컵, 다진 우둔살 300g, 다진 양파 1/2개분, 다진 청양고추 1개분, 다진 마늘 1큰술, 다진 허브 1큰술, 월계수 잎 1장, 파프리카시즈닝 2큰술, 말린 오레가노 1/2작은술, 커민가루 1/2작은술, 닭국물 1컵, 소금·후춧가루 약간씩, 카놀라유 적당량

1 달군 팬에 소시지를 굽다가, 물을 1cm 높이만큼 붓고 수분이 없어질 때까지 익힌다.

2 달군 팬에 카놀라유를 두르고 센 불에서 다진 소고기를 볶는다.

3 카놀라유를 두른 냄비에 다진 양파와 다진 마늘을 넣고 볶다가 투명해지면 ②의 볶은 소고기와 나머지 칠리미트 재료를 모두 넣고 은근한 불에서 조려 칠리미트를 완성한다.

4 핫도그 빵은 끝부분이 붙어 있도록 길게 반을 가르고 달군 팬에 올려 잘린 면을 굽는다.

5 구운 핫도그 빵에 버터를 바르고 소시지, 다진 피클, 다진 양파, 칠리미트를 얹는다.

6 ⑤ 위에 체더치즈를 올리고 200℃ 오븐에서 5분 정도 치즈가 녹을 때까지 굽는다. 마지막에 파슬리가루를 뿌린다.

Easy
SANDWICH 03

토스트 & 핫
샌드위치

달걀물을 입혀 구운 심플한 프렌치토스트부터 다양한
재료를 올려 구운 갖가지 토스트, 치즈를 듬뿍 넣은
파니니까지 취향에 따라 골라 먹는 재미를 누리세요.
레피시를 참고해 원하는 재료로 응용해도 좋아요.

빵과 달걀, 우유만 있으면
쉽고 간단하게 만들 수 있는
기본 토스트예요.
우유 한 잔만 곁들이면
가벼운 한 끼로도 충분해요.

French Toast

프렌치토스트

1

2

3

Ingredient_1인분
식빵 2장
달걀 1개
무염버터 30g
우유 1/2컵
파르메산 치즈가루 2큰술
메이플시럽·계핏가루 약간씩

1 달걀, 우유, 치즈가루를 골고루 섞어 넓적한 그릇에 담고 식빵 2장이 포개지지 않
   도록 담가 충분히 적신 뒤 뒤집어서 그만큼 더 적신다.

2 팬에 버터 반을 올리고 불을 조금 약하게 한 뒤 식빵 1장을 올려 1~2분 정도 굽는
   다. 빵이 노릇해지면 뒤집고 뚜껑을 덮어 1~2분 정도 더 굽는다. 남은 식빵도 같은
   방법으로 굽는다.

3 노릇하게 구운 프렌치토스트를 그릇에 담고 메이플시럽과 계핏가루를 뿌린다.

프랑스 대표 빵이죠. 바게트를 사용해서
만든 고급스러운 토스트랍니다.
둥근 모양을 사용하니
조금 특별해졌어요.
딸기와 블루베리를 올리고
슈거파우더를 뿌리면
근사한 요리가 완성된답니다.

베리베리 프렌치토스트

1

2

3

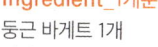

4

Ingredient_1개분

둥근 바게트 1개
달걀 1개
블루베리 10알
딸기 3~4개
무염버터 15g
우유 1/2컵
설탕 1큰술
메이플시럽·슈거파우더 약간씩

1 달걀, 우유, 설탕을 골고루 섞어 넓적한 그릇에 담고 바게트를 반으로 갈라 포개지
  지 않도록 담가 앞뒤로 5분씩 적신다.

2 블루베리와 딸기는 흐르는 물에 씻어 물기를 제거한다.

3 팬에 버터를 올리고 중간 불에서 녹인 다음 달걀물 입힌 빵을 올려 1~2분 정도 굽
  는다. 빵이 노릇해지면 뒤집고 뚜껑을 덮어 1~2분 정도 더 굽는다.

4 노릇하게 구운 빵 위에 블루베리와 딸기를 올린 뒤 슈거파우더를 뿌린다.

둥근 바게트 대신 둥근 브리오슈 또는 모닝롤을 사용해도 좋아요. 원하는 둥근 빵으로 시도해보세요.

고대 로마시대부터 먹기 시작했다는
타프나드는 블랙올리브로 만든
건강 소스예요. 샌드위치 스프레드로도 좋고,
파스타소스로 활용해도 맛있답니다.

블랙올리브 피자 토스트

1

2

3

4

Ingredient_1개분
치아바타 1/2개
감자 1개
양파 15g
피망 15g
블랙올리브 3개
무염버터 8g
피자치즈 2큰술
생크림 1큰술
우유 적당량
소금·후춧가루 약간씩

타프나드 2큰술
블랙올리브 70g
안초비 1개
케이퍼 1작은술
다진 마늘 1작은술
허브가루 1작은술
레몬즙 1큰술
올리브오일 1½큰술
소금·후춧가루 약간씩

<u>1</u> 타프나드 재료를 믹서에 모두 넣고 곱게 갈아 스프레드를 완성한다.

<u>2</u> 감자는 껍질 벗겨 반으로 잘라 끓는 물에 넣고 20분 정도 삶는다. 뜨거울 때 포크로 으깬 뒤 버터와 생크림을 넣어 골고루 섞으며 우유로 농도를 조절하고 소금, 후춧가루로 간한다.

<u>3</u> 양파는 얇게 채 썰고, 피망은 씨를 제거하고 모양을 살려 슬라이스 한다. 블랙올리브도 슬라이스 한다.

<u>4</u> 치아바타는 반으로 자르고 한쪽 면에 타프나드를 바르고 으깬 감자, 피망, 양파, 블랙올리브, 치즈 순서로 올린 뒤 180℃ 오븐에 넣어 7~8분 정도 굽는다.

요즘 가장 핫한 조합이죠.
바나나와 초코가 만나
토스트가 되었답니다.
구울수록 더욱 달콤해지는
바나나의 진한 맛을 느껴보세요.

바나나 초코 토스트

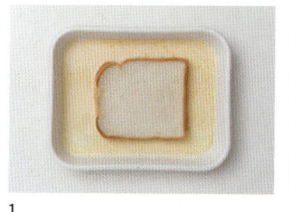
1

2

3

4

Ingredient_1개분
두툼한 식빵 1장
바나나 1개
달걀 1개
무염버터 10g
우유 1/2컵
설탕 1큰술
초콜릿시럽 약간

<u>1</u> 달걀, 우유, 설탕을 골고루 섞어 넓적한 그릇에 담고 식빵을 담가 충분히 적신 뒤 뒤집어서 그만큼 더 적신다.

<u>2</u> 팬에 버터를 올리고 불을 조금 약하게 켠 뒤 식빵을 올려 1~2분 정도 굽는다. 빵이 노릇해지면 뒤집고 뚜껑을 덮어 1~2분 정도 더 굽는다.

<u>3</u> 바나나는 세로로 반을 자른 뒤 슬라이스 하고, 빵을 구운 팬에 올려 살짝 갈색이 되도록 굽는다.

<u>4</u> 구운 빵 위에 구운 바나나를 올린 뒤 초콜릿시럽을 뿌린다.

새우와 달걀을 섞어 반죽을 만들고
식빵에 골고루 발라 바삭하게 구우면
색다른 한식 토스트가 됩니다.
아이들은 물론 어른 입맛에도 딱 맞아요.

쉬림프 토스트

1   2   3

Ingredient_1인분
미니 식빵 3장
칵테일 새우 150g
달걀흰자 1/2개
바질가루 1작은술
파프리카시즈닝 1작은술
포도씨유 1큰술
소금·후춧가루 약간씩

<u>1</u> 칵테일 새우는 흐르는 물에 씻어 잘게 다진 뒤 볼에 담고 달걀흰자와 바질가루, 파프리카시즈닝, 소금, 후춧가루를 넣어 골고루 섞는다.

<u>2</u> ①을 식빵 3장의 한쪽 면에 각각 올려 펼친다.

<u>3</u> 달군 팬에 포도씨유를 두르고, ②의 새우살 바른 쪽을 아래로 올려 바삭하게 굽는다. 익으면 뒤집어서 반대쪽도 굽는다.

이탈리아 햄 살라미를 넣어 만드는
파니니 샌드위치. 고소하고 쫄깃한
포카치아 빵과 살라미 위로
사르르 녹아내린 모차렐라 치즈가
잘 어울려요. 새콤한 토마토소스와
블랙올리브가 맛을 더해준답니다.

모차렐라 살라미 파니니

1

2

3

4

Ingredient_1개분
포카치아 1개
생 모차렐라 치즈 50g
살라미 40g
블랙올리브 2~3개

토마토소스
통조림 토마토 홀 1개
태국고추 3개
다진 양파 1개분
다진 마늘 1큰술
치킨스톡 1작은술
물엿 1큰술
오레가노가루 1/2작은술
올리브오일 3큰술
소금·후추가루 약간씩

1 냄비에 올리브오일을 두르고 다진 양파, 다진 마늘을 넣고 갈색이 될 때까지 볶다
가 나머지 토마토소스 재료를 모두 넣고 약한 불에서 걸쭉해질 때까지 조려 토마토
소스를 만든다.

2 블랙올리브, 살라미, 모차렐라 치즈는 둥근 모양을 살려 얇게 슬라이스 한다.

3 포카치아는 길이를 살려 반으로 가르고 잘린 면에 각각 토마토소스 1큰술씩 바른다.

4 토마토소스 바른 빵 한쪽에 살라미, 블랙올리브, 모차렐라 치즈 순서로 올리고 나
머지 빵으로 덮는다. 180℃ 오븐에서 7~8분 정도 굽거나 달군 파니니그릴에 넣고
1~2분 정도 누른다.

돼지고기를 얇게 썰어
다진 생강과 간장에 재워 구운
진저 포크를 고소한 호밀빵에 넣어 만드는
특별한 샌드위치예요. 마요네즈에 버무린
양배추와 환상의 조화를 이뤄
입맛을 사로잡는답니다.

진저 포크 파니니

---

1. 준비하기

1

2

3

4

Ingredient_1개분
호밀빵 슬라이스(1cm 두께) 2장
돼지고기 등심 150g
양배추 50g
양상추 1장
양파 1/3개
마요네즈 1큰술
포도씨유 1작은술
참기름 약간

생강소스
다진 생강 1작은술
간장 1큰술
청주 1큰술

Spread
무염버터 10g
머스터드 1작은술

1 양파는 채 썰고, 양상추는 찬물에 씻어 물기를 제거한다.

2 양배추는 얇게 채 썰어 물기를 제거하고 마요네즈로 버무려 샐러드를 만든다.

3 돼지고기는 한입 크기로 얇게 썰고 생강소스 재료로 버무려 20분 정도 재운다. 달 군 팬에 포도씨유를 두르고 재운 돼지고기와 채 썬 양파, 참기름을 넣고 볶아 생강 구이를 완성한다.

4 달군 팬에 호밀빵을 올리고 앞뒤로 살짝 구워 한 김 식힌다.

2. 조립하기

 +  +  +  +  +

호밀빵   버터 5g
+ 머스터드 1/2작은술   양상추   생강구이   양배추
샐러드   버터 5g
+ 머스터드 1/2작은술
바른 호밀빵

생선과 감자를 튀겨서 만드는
피시 앤 칩스는
영국의 대표 먹을거리로 유명하죠.
피시 앤 칩스 파니니는 겉은 바삭하고
속은 부드럽게 튀겨낸 흰살 생선에
토마토, 양파, 타르타르소스를
곁들여 만든 샌드위치랍니다.

피시 앤 칩스 파니니

1. 준비하기

1

2

3

4

Ingredient_1개분
호밀빵 슬라이스(1.2cm 두께) 2장
포 뜬 흰살 생선 150g
토마토 1/2개
적양파 1/4개
양상추 2장
어린 잎 채소 한 줌
튀김가루 50g
탄산수 50mL
소금·후춧가루 약간씩
식용유 적당량

타르타르소스 3큰술
삶은 달걀 1/2개
다진 양파 1큰술
다진 피클 1큰술
마요네즈 1/2컵
파슬리가루 1/2큰술
레몬즙 1작은술
후춧가루 약간

<u>1</u> 삶은 달걀을 으깨서 볼에 담고 나머지 타르타르소스 재료를 모두 넣어 골고루 섞어
소스를 완성한다.

<u>2</u> 토마토와 적양파는 얇게 슬라이스 하고 어린 잎 채소와 양상추는 찬물에 가볍게 씻
어 물기를 제거한다.

<u>3</u> 흰살 생선은 소금, 후춧가루로 밑간하고 탄산수, 튀김가루를 섞어 만든 튀김옷을
입혀 180℃ 식용유에 넣어 두 번 튀긴다.

<u>4</u> 호밀빵은 팬에 올려 중간 불에서 앞뒤로 노릇하게 굽는다.

2. 조립하기

호밀빵

+

양상추

+

토마토

+

생선튀김

+

적양파
+ 새싹채소

+

타르타르소스

+

호밀빵

고소한 피넛버터와 상큼하고
달콤한 딸기콤포트를 식빵에 바르고
파니니그릴에 누르면 완성!
쉽고 간단해 바쁜 아침 식사대용으로도
참 좋아요. 딸기콤포트는
넉넉히 만들어 다양하게 활용해보세요.

피넛버터 딸기 파니니

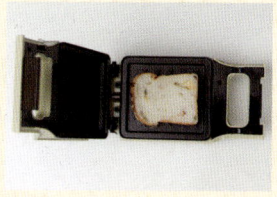

1   2   3

Ingredient_1인분
미니 식빵 4장
피넛버터 2큰술

딸기콤포트 3큰술
딸기 250g
설탕 100g
레몬즙 1큰술
레몬제스트 1/2개분
바닐라에센스 1~2방울

1 딸기는 씻어서 물기를 제거해 냄비에 담고 설탕, 레몬즙, 레몬제스트를 넣어 30분 정도 끓인다. 마지막에 바닐라에센스를 넣고 불을 끈 뒤 식히면 딸기콤포트가 완성된다.

2 식빵에 피넛버터, 딸기콤포트 순서로 바르고 다른 식빵을 덮는다.

3 예열시킨 파니니그릴에 ②를 넣고 1~2분 정도 누른다.

감자와 시금치, 양파, 베이컨, 치즈가
모두 들어가 맛과 영양이 꽉 찬
샌드위치랍니다. 파니니그릴에 구워
바삭바삭 고소한 맛이 유난히 좋아요.

포테이토 치즈 파니니

1
2
3
4
5

Ingredient_1개분
핫도그 빵 1개
감자 1개
시금치 10장
베이컨 2장
양파 1/2개
피자 치즈 30g
무염버터 30g
소금·후춧가루 약간씩

Spread
홀그레인 머스터드 1큰술
허니머스터드 1큰술

1 감자는 반달로 납작하게 썰고 양파는 채 썬다. 팬에 버터 20g을 올려 중간 불에서
  데우고 버터가 녹으면 감자와 양파를 넣고 볶다가 물 1큰술을 넣고 소금, 후춧가루
  로 간하여 익힌다.

2 팬에 버터 10g을 넣고 버터가 녹으면 시금치를 넣고 볶는다.

3 베이컨은 달군 팬에 노릇노릇하게 구운 뒤 종이타월에 올려 기름기를 뺀다.

4 핫도그 빵을 반으로 갈라 홀그레인 머스터드를 바르고, 볶은 감자, 베이컨, 볶은
  시금치, 피자 치즈를 올리고 나머지 한쪽 면에 허니머스터드를 바르고 덮는다.

5 예열시킨 파니니그릴에 ④를 넣고 1~2분 정도 눌러 굽는다.

Easy
SANDWICH 04

다이어트 채식
샌드위치

날씬한 몸매를 위한 다이어트 식단으로, 채식을 하고
싶은 날 한 끼 식사로, 채소를 싫어하는 아이들 간식
으로 만들어보세요. 산뜻하고 건강한 채식 샌드위치
레시피를 소개합니다.

입안에서 살살 녹는 부드러운 크림치즈,
마스카르포네를 듬뿍 바르고 상큼한
비네그레트소스로 버무린 채소를 올려
맛을 낸 오픈 샌드위치예요.
예쁜 모양만큼 맛도 좋답니다.

마스카르포네 오픈 샌드위치

1. 준비하기

1

2

3

Ingredient_2개분
잡곡빵 슬라이스 2장
셀러리 1/4줄기
방울토마토 4알
양상추 10g
루콜라 10g
레몬제스트 약간

Spread
마스카르포네 치즈 4큰술
발사믹글레이즈 1/2큰술

비네그레트소스 2큰술
올리브오일 1½큰술
레드와인식초 1/2큰술
소금·후춧가루 약간씩

<u>1</u> 분량의 비네그레트소스 재료를 모두 섞어 소스를 완성한다.

<u>2</u> 방울토마토는 2등분하고, 셀러리는 얇게 슬라이스 한다. 양상추와 루콜라는 씻어서 물기를 제거한다.

<u>3</u> 잡곡빵은 달군 그릴 팬에 앞뒤로 구워 한 김 식힌다.

\# 샐러드 채소를 비네그레트소스로 버무리면 그대로 샐러드가 완성된다. 잡곡빵 대신 구운 토르티야를 활용해도 좋다.

2. 조립하기

잡곡빵

+

마스카르포네
치즈 2큰술

+

양상추 + 루콜라
+ 셀러리

+

방울토마토

+

비네그레트소스
+ 레몬제스트
+ 발사믹글레이즈

가지를 곱게 갈아 만든 가지페스토는
빵 위에 발라 그대로 먹어도 맛있어요.
파스타 소스나 샐러드 드레싱으로도
잘 어울린답니다.

버섯 가지페스토 샌드위치

1. 준비하기

1

2

3

4

Ingredient_1개분
곡물빵 슬라이스 2장
새송이버섯 1개
표고버섯 1개
양송이버섯 2개
태국고추 2개
다진 마늘 1작은술
올리브오일 1작은술
소금·후춧가루 약간씩

가지페스토 3큰술
가지 1개
땅콩버터 20g
꿀 1/2큰술
레몬즙 1큰술
올리브오일 1큰술
소금·후춧가루 약간씩

<u>1</u> 가지는 껍질째 0.5cm 두께로 슬라이스 하고 올리브오일을 두른 달군 팬에 올려 노릇하게 굽는다. 구운 가지와 나머지 가지페스토 재료를 모두 믹서에 넣고 간 다음 소금, 후춧가루로 간하여 가지페스토를 완성한다.

<u>2</u> 새송이버섯, 표고버섯, 양송이버섯은 붓으로 불순물을 털어내고, 모양을 살려 한입 크기로 썬다.

<u>3</u> 달군 팬에 올리브오일을 두르고 다진 마늘을 넣어 약한 불에서 1분 정도 볶다가 손질한 버섯을 넣고 센 불에서 볶는다. 마지막에 태국고추를 부숴 넣고 소금, 후춧가루로 간한다.

<u>4</u> 달군 팬에 곡물빵을 올려 구운 뒤 한 김 식힌다.

2. 조립하기

곡물빵

\+

가지페스토
1½큰술

\+

구운 버섯

\+

가지페스토 1½큰술
+ 곡물빵

두부와 시금치로 만든
채식 패티를 넣어
칼로리 걱정 없이 먹을 수 있는
건강한 수제 버거예요.
바질페스토를 듬뿍 넣어
깊은 맛을 살려주세요.

두부 버거

1. 준비하기

1

2

3

4

5

Ingredient_1개분
곡물 햄버거 빵 1개
양상추 2장
올리브오일 1큰술

두부 패티
두부 130g
시금치 40g
파르메산 치즈가루 30g
소금·후춧가루 약간씩

Spread
허브마요 2큰술

바질페스토 1큰술
바질 15g
잣 10g
구운 호두 5g
마늘 1알
올리브오일 25mL
파르메산 치즈가루 2큰술
소금·후춧가루 약간씩

<u>1</u> 믹서에 바질페스토 재료를 모두 넣고 곱게 갈아 스프레드를 완성한다.

<u>2</u> 시금치는 살짝 데쳐서 찬물에 씻고 물기를 짠 뒤 작게 다진다. 두부는 으깨서 면보로 감싸고 물기를 꼭 짠다.

<u>3</u> ②와 파르메산 치즈가루, 소금, 후춧가루를 섞어 치댄 뒤 햄버거 빵 크기의 패티를 만든다. 올리브오일을 두른 달군 팬에 패티를 올려 앞뒤로 노릇하게 굽는다.

<u>4</u> 양상추는 깨끗이 씻어 물기를 털고 손으로 작게 뜯는다.

<u>5</u> 햄버거 빵은 가로로 슬라이스 한 뒤 잘린 면을 노릇하게 굽는다.

2. 조립하기

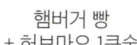 +  +  +  +

햄버거 빵
+ 허브마요 1큰술   양상추   두부 패티   바질페스토   허브마요 1큰술
                                              1큰술   + 햄버거빵

발사믹식초를 오랜 시간 조려
달콤하고 끈끈하게 만든
발사믹글레이즈를 구운 채소에
끼얹어내면 말이 필요 없는
고급 이탈리아 요리가 됩니다.
고소한 캄파뉴에 올려
오픈 샌드위치로 만들면
맛도 모양도 손색이 없어요.

구운 채소 오픈 샌드위치

1. 준비하기

1   2   3

Ingredient_1인분
캄파뉴 슬라이스 2장
단호박 60g
연근 30g
양파 1/4개
파프리카 50g
발사믹글레이즈 1큰술
올리브오일 1큰술
후춧가루 약간

Spread
홀그레인 머스터드 1큰술

<u>1</u> 단호박은 속을 파내 1cm 두께로 슬라이스 하고 양파와 연근은 껍질 벗겨 0.7cm 두께로 슬라이스 한다. 파프리카는 씨를 빼고 길게 채 썬다.

<u>2</u> ①을 올리브오일로 버무려 180℃ 오븐에서 10~13분 정도 노릇하게 굽는다. 또는 달군 팬에 올려 약한 불로 10분 정도 굽는다.

<u>3</u> 달군 그릴 팬 또는 파니니그릴에 캄파뉴를 올려 앞뒤로 굽는다.

2. 조립하기

 +  +  +

캄파뉴   홀그레인
머스터드 1큰술   구운 채소   발사믹글레이즈
+ 후춧가루

상큼한 맛에 반하는 아보카도 과카몰리는
멕시칸 요리에서 빠질 수 없는
대표 소스예요. 다양한 빵에 곁들여 내면
그 자체로 요리가 된답니다.

아보카도 과카몰리 샌드위치

1. 준비하기

1   2   3

Ingredient_1개분
펌퍼니클 2장
아보카도 1/2개
레몬즙 1큰술

아보카도 콰카몰리
아보카도 1/2개
토마토 1/2개
할라페뇨 1개
레몬즙 1작은술
엑스트라버진 올리브오일 1작은술
고수 약간
화이트와인식초 약간
후춧가루 약간

<u>1</u> 아보카도 1/2개와 토마토는 작게 썰고 할라페뇨를 곱게 다진 다음 볼에 담고 나머지 아보카도 콰카몰리 재료와 함께 포크로 으깨면서 골고루 섞어 스프레드를 완성한다.

<u>2</u> 남은 아보카도 1/2개는 1cm 두께로 슬라이스 하고 변색을 막기 위해 레몬즙을 뿌려둔다.

<u>3</u> 달군 팬에 펌퍼니클을 올려 앞뒤로 굽는다.

2. 조립하기

 +  +  +

펌퍼니클   아보카도   아보카도   펌퍼니클
                콰카몰리   슬라이스

새우를 살짝 데쳐 와사비소스에 버무려
특별한 맛을 냈어요. 입맛이 없을 때
딱 좋은 별미 샌드위치랍니다.

새우 와사비 샌드위치

1. 준비하기

1   2   3

4

Ingredient_1개분
곡물식빵 2장
대하 4마리
콜리플라워 30g
양상추 15g
양파 1/4개
마요네즈 2큰술
와사비 1작은술

Spread
무염버터 1큰술
머스터드 1작은술

<u>1</u> 양상추는 씻어서 작게 썰고, 양파는 얇게 채 썬다. 콜리플라워는 살짝 데친다.

<u>2</u> 대하는 끓는 물에 데쳐 껍질을 벗기고 모양을 살려 가로로 슬라이스 한다.

<u>3</u> 데친 새우와 콜리플라워를 와사비와 마요네즈로 살짝 버무린다.

<u>4</u> 달군 그릴 팬에 곡물식빵을 올려 앞뒤로 구워 한 김 식힌다.

2. 조립하기

 +  +  +  +  +

곡물식빵   버터 1/2큰술
+ 머스터드 1/2작은술   양상추   와사비 새우   양파   버터 1/2큰술
+ 머스터드 1/2작은술
바른 곡물식빵

색색의 채소가 어우러져 맛과 향이 일품인
라타투이는 프랑스 남부지방에서 즐겨 먹는
소박한 가정식이에요. 고소한 치아바타와
함께 먹으면 잘 어울려요.

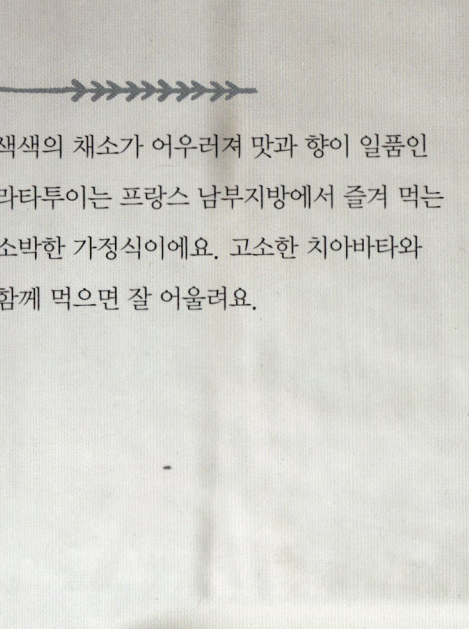

라타투이 샌드위치

1. 준비하기

1

2

3

4

Ingredient_1개분
치아바타 1개
루콜라 30g
파르메산 치즈가루 1작은술

라타투이
토마토·가지·양파 1개씩
양송이버섯 100g
피망 1/2개
청양고추 2개
월계수 잎 1장
다진 마늘 1/2큰술
올리브오일 1큰술
파슬리가루 약간
소금·후춧가루 약간씩

타프나드 2큰술
안초비 1개
블랙올리브 70g
케이퍼 1큰술
다진 마늘 1작은술
레몬즙 1큰술
엑스트라버진 올리브오일 1½큰술

<u>1</u> 타프나드 재료를 모두 믹서에 넣고 곱게 갈아 스프레드를 완성한다.

<u>2</u> 토마토는 씨를 파내고 2cm 크기로 깍둑썰기 하고, 가지, 양파, 피망, 청양고추도 같은 크기로 썬다. 양송이버섯을 반을 가른 뒤 다시 2등분한다.

<u>3</u> 팬에 올리브오일을 두르고 다진 마늘, 양파를 넣어 볶다가 색이 나면 가지와 피망, 청양고추, 양송이버섯을 넣는다. 부드럽게 숨이 죽으면 토마토, 월계수 잎을 넣어 뚜껑을 덮고 약한 불에서 10분 정도 끓인다. 마지막에 소금, 후춧가루로 간하고 파슬리가루를 뿌려 라타투이를 완성한다.

<u>4</u> 치아바타는 길게 반 갈라 팬에 올려 굽는다.

2. 조립하기

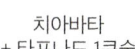
치아바타
+ 타프나드 1큰술

＋

루콜라

＋

라타투이

＋

파르메산 치즈가루

＋

타프나드 1큰술
+ 치아바타

프랑스 남부 니스에서 탄생한 팡 바냐는,
올리브오일에 채소를 버무려 먹는
니스샐러드를 호밀빵 사이에 넣어 만든
건강 샌드위치랍니다. 안초비를 넣어
감칠맛을 살렸어요.

Pan Bagnat

팡 바냐

1

2

3

4

Ingredient_1개분
호밀빵 슬라이스 2장
안초비 1마리
토마토 1/2개
파프리카 8g
적양파 5g
셀러리 5g
그린빈 3개
블랙올리브 3개
마늘 1톨
상추 2장
올리브오일 1작은술

비네그레트소스 2큰술
올리브오일 1½큰술
레드와인식초 1/2큰술
소금·후춧가루 약간씩

<u>1</u> 분량의 비네그레트소스 재료를 모두 섞어 스프레드를 완성한다.

<u>2</u> 토마토, 파프리카, 적양파, 셀러리 줄기, 블랙 올리브는 얇게 슬라이스 한다. 그린 빈은 살짝 데쳐 반으로 자른다.

<u>3</u> 볼에 손질한 파프리카, 적양파, 셀러리, 블랙올리브, 그린빈을 담고 비네그레트소 스 1큰술을 넣고 버무려 샐러드를 만든다.

<u>4</u> 달군 그릴 팬에 호밀빵을 앞뒤로 구운 뒤 마늘을 빵에 문질러서 향을 입힌다.

2. 조립하기

 +  +  +  +  +  +

마늘 향
호밀빵

비네그레이트 소스
1/2큰술

양상추

토마토

샐러드

안초비

비네그레이트 1/2큰술
+ 마늘 향 호밀빵

Class.04

Sandwich with

특별하게 즐기는
스페셜 샌드위치

Special

SANDWICH 01

티 & 디저트
샌드위치

산뜻한 후식으로, 출출한 오후 간식으로 먹기 좋은 샌드위치랍니다. 평소 카페에서 커피 또는 차와 함께 자주 먹던 샌드위치를 이제는 집에서 쉽게 만들어보세요.

Black Tea Bread

홍차 브레드

Green Tea Bread

녹차 브레드

녹차 브레드

카페에서 자주 먹게 되는 인기 디저트, 허니 브레드를 응용한 메뉴예요.
부드러운 녹차밀크 스프레드를 만들어 식빵에 골고루 입히면 달콤 쌉싸래한
녹차 브레드가 완성된답니다.

Ingredient_1개분
식빵(4cm 두께) 1장, 무염버터 15g, 생크림 적당량, 슈거파우더·아몬드슬라이스 약간씩
녹차밀크 스프레드 2큰술
우유 1컵, 생크림 1/2컵, 녹차가루 2큰술, 설탕 70g

1 냄비에 녹차밀크 스프레드 재료를 모두 담고 조금 약한 불에서 주걱으로 저어가며 양
이 반으로 줄어들 때까지 조린다.

2 식빵 위에 3cm 정도 두께로 바둑판 모양의 칼집을 낸다. 팬에 버터 반을 올려 중간
불에서 녹인 뒤, 칼집을 낸 면이 아래로 가도록 빵을 올려 노릇하게 굽는다. 남은 버
터를 넣고 반대쪽도 굽는다.

3 팬에 녹차밀크 스프레드를 부어 부드러워질 정도로 살짝 데우고 불을 끈 뒤, 구운 식
빵을 올려 스프레드를 양쪽 모두 골고루 묻힌다.

4 ③을 그릇에 담고 슈거파우더와 아몬드슬라이스를 뿌린 뒤 휘핑한 생크림을 올린다.

홍차 브레드

평소 즐겨 마시는 홍차를 우려 스프레드를 만들어보세요. 여기에 부드러운 식빵만
준비하면 카페 메뉴 부럽지 않은 맛있는 홍차 브레드를 만들 수 있어요.

Ingredient_1개분
식빵(1.5cm 두께) 1장, 무염버터 10g, 아이스크림 적당량, 슈거파우더 약간
홍차 스프레드 1큰술
우유 2컵, 생크림 1컵, 홍차 티백 2개, 바닐라 빈 1/4개 또는 바닐라 에센스 1~2방울, 설탕 140g

1 냄비에 우유와 생크림, 홍차 티백, 바닐라 빈을 담고 중간 불에서 끓여 홍차가 우러나
면, 홍차 티백은 꺼내고 바닐라 빈은 건져서 반을 갈라 씨만 긁어 다시 넣는다. 여기
에 설탕을 넣고 끓어오르면 불을 약하게 줄여 걸쭉하게 조린다.

2 팬에 버터를 올려 중간 불에서 녹인 뒤 식빵을 넣어 앞뒤로 노릇하게 굽는다. 구운 식
빵을 그릇에 담고 ①의 홍차 스프레드를 바른다.

3 ②에 아이스크림을 올리고 슈거파우더를 뿌린다.

Apple Brie Cheese Sandwich

사과 브리 치즈 샌드위치

Melon Prosciutto Sandwich

멜론 프로슈토 샌드위치

멜론 프로슈토 샌드위치

짭짤한 이탈리아 생햄 프로슈토는 달콤한 멜론과 만나 환상적인 맛의 조화를
이룬답니다. 고소한 포카치아 위에 올려 샌드위치로 만들면 근사한 이탈리아식
애피타이저가 됩니다.

Ingredient_1인분
포카치아 1개, 프로슈토 3장, 멜론 120g, 토마토 1/2개, 루콜라 5장, 파르메산 치즈가루·후춧가루 약간씩

올리브치즈 드레싱
파르메산 치즈가루 ½큰술, 올리브오일 1큰술, 후춧가루 약간

1 올리브치즈 드레싱 재료를 모두 섞어 드레싱을 완성한다.

2 멜론과 토마토는 1cm 두께로 슬라이스 한다. 루콜라는 씻어서 물기를 제거한다.

3 포카치아는 가로로 반을 가르고 다시 2등분한 다음 자른 면에 올리브치즈 드레싱을
바른다.

4 ③에 루콜라, 토마토, 멜론, 프로슈토 순서로 올리고 파르메산 치즈가루와 후춧가루
를 뿌린 뒤 남은 빵 반쪽으로 덮는다.

사과 브리 치즈 샌드위치

진한 향이 특징인 브리 치즈와 아삭한 사과의 조합은 프랑스식 애피타이저 또는
와인 안주로 유명해요. 담백한 잉글리시 머핀과 함께 깔끔한 샌드위치로
만들어도 잘 어울려요.

Ingredient_1인분
잉글리시 머핀 1개, 사과 1/4개, 브리 치즈 1/4개, 호두 2알, 메이플시럽 1큰술

1 사과는 0.5cm, 브리 치즈는 1cm 두께로 슬라이스 하고, 호두는 달군 팬에 구워 작게
다진다.

2 잉글리시 머핀은 가로로 반을 가른 뒤 팬에 올려 굽고 다시 2등분한다.

3 ② 위에 사과, 브리 치즈, 호두를 순서대로 올리고 메이플시럽을 뿌린 다음 남은 빵으
로 덮는다.

냉장고에 있는 과일을 활용해
순식간에 근사한 카페 디저트 메뉴를
만드는 방법을 소개합니다.
어떤 과일이든 상관없어요.
달콤하고 부드러운 맛에
자꾸 생각나는 샌드위치랍니다.

과일 생크림 샌드위치

1

2

3

4

5

Ingredient_1인분
식빵 2장
딸기 2개
귤 1/2개
키위 1/2개
생크림 40g
설탕 4g

<u>1</u> 딸기는 씻어서 물기를 제거한 뒤 꼭지를 떼고 반으로 자른다. 키위는 껍질을 벗기
고 3등분한다. 귤은 껍질을 벗겨 과육만 준비한다.

<u>2</u> 볼에 생크림과 설탕을 담아 거품기로 10~15분 정도 휘핑한다. 거품기로 들었을
때, 생크림 끝이 새 부리 모양이 되어야 한다.

<u>3</u> 식빵에 생크림을 듬뿍 바르고, 손질한 과일을 보기 좋게 올린다.

<u>4</u> 남은 식빵에 생크림을 듬뿍 발라서 ③ 위에 덮는다.

<u>5</u> ④의 식빵 테두리를 잘라낸 다음 샌드위치를 먹기 좋은 크기로 자른다.

\# 샌드위치를 만든 다음 15분 정도 냉동실에 넣어두면 더욱 맛이 좋아진다. 생크림이 단단해져 자르기도
편하다.

딸기와 단팥은 의외로 맛이 잘 어울려
다양한 디저트 메뉴에 활용된답니다.
달콤한 연유를 뿌려 입맛을 돋우는
샌드위치를 만들어 차와 함께 즐겨보세요.

딸기 단팥 샌드위치

1

2

3

Ingredient_1인분
식빵 2장
딸기 3개
단팥 2큰술
무염버터 10g
연유 적당량

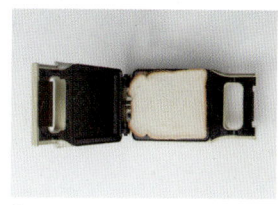
4

1 딸기는 깨끗이 씻어 물기를 제거하고 작게 자른다.

2 식빵 한쪽에 버터를 바르고 딸기를 올린 뒤 연유를 뿌린다.

3 남은 식빵에 단팥을 바르고 ②를 덮는다.

4 ③을 파니니그릴에 넣어 1분 정도 꾹 누른다.

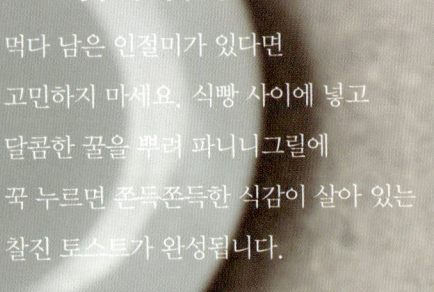

먹다 남은 인절미가 있다면
고민하지 마세요. 식빵 사이에 넣고
달콤한 꿀을 뿌려 파니니그릴에
꾹 누르면 쫀득쫀득한 식감이 살아 있는
찰진 토스트가 완성됩니다.

Injeolmi Toast

인절미 토스트

1

2

3

4

Ingredient_1개분
식빵 2장
인절미 4개
꿀 1큰술
콩가루 적당량

캐러멜 스프레드 1큰술
설탕 150g
생크림 150g
바닐라 빈 ½개 또는 바닐라
에센스 1~2방울
물 3큰술

1 냄비에 설탕과 물을 넣고 조금 약한 불에서 갈색이 되도록 끓인다. 생크림에 바닐라 빈을 넣고 약한 불로 살짝 데운다. 바닐라 빈은 꺼내서 반을 갈라 씨만 긁어 넣는다. 데운 생크림을 녹인 설탕에 넣고 골고루 섞어 캐러멜 스프레드를 완성한다.

2 식빵 위에 인절미 4개를 올리고 그 위에 꿀을 뿌린 뒤 남은 빵으로 덮는다.

3 예열한 파니니그릴에 ②를 올려 1~2분 정도 꾹 눌러 구워준다.

4 구운 빵을 접시에 담고 캐러멜 스프레드를 윗면에 바른 뒤 콩가루를 뿌린다.

\# 파니니그릴이 없을 때는 토스트를 접시에 담아 전자레인지에 40초 정도 돌리면 된다.

촉촉한 식빵에 진한 초콜릿을 입혀
바삭하게 구운 일명 악마의 토스트예요.
새콤달콤한 오렌지마멀레이드까지
끼얹으면 누구도 거부할 수 없는
최고의 디저트가 탄생합니다.

오렌지 마멀레이드 쇼콜라 토스트

Ingredient_2개분
식빵 2장
달걀 1개
초콜릿 20g
무염버터 30g
우유 ½컵
코코아가루 1큰술
설탕 1큰술
오렌지절임 적당량

오렌지 마멀레이드 2큰술
오렌지 1개
설탕 150g
레몬즙 1큰술

1 오렌지는 껍질을 굵은 소금으로 문질러 쓴맛을 제거하고 껍질의 노란 부분만 긁어 제스터를 만든 다음 반으로 잘라 즙을 짠다.

2 냄비에 오렌지즙, 오렌지제스터, 설탕, 레몬즙을 모두 넣어 센 불에서 끓인다. 가장자리가 끓으면 불을 조금 약하게 줄여 40~45분 정도 저어가며 끓인다. 주걱으로 냄비 바닥을 그었을 때 주걱 자국이 2~3초 유지되면 오렌지마멀레이드 완성이다.

3 달걀과 우유, 설탕, 코코아가루를 골고루 섞어 넓적한 그릇에 담고, 식빵을 담가 앞뒤로 5분씩 적신다.

4 팬에 버터를 넣어 중간 불에서 녹인 다음 ③을 올려 조금 약한 불에서 1~2분 정도 굽는다.

5 빵을 뒤집어서 초콜릿을 올리고 뚜껑을 덮어 1~2분 정도 더 굽는다.

6 구운 토스트를 그릇에 담고 오렌지 마멀레이드를 끼얹은 뒤 오렌지절임을 올린다.

Special
SANDWICH 02

샌드위치
도시락

평소 도시락을 즐긴다면 가끔은 샌드위치로 변화를 주세요. 생각보다 간단하게 준비할 수 있답니다. 소풍을 가거나, 가까운 교외로 나들이를 계획할 때도 산뜻한 샌드위치 도시락으로 기분 내기 좋아요.

Mexican Shrimp Wrap

멕시칸 새우랩

Cranberry Honey Chicken Wrap

크랜베리 허니 치킨랩

크랜베리 허니 치킨랩

토르티야에 양념한 닭고기와 크랜베리, 양상추를 올려 돌돌 말아주면 완성!
달콤한 허니머스터드로 맛을 낸 멕시칸 스타일 샌드위치가 된답니다.

Ingredient_2개분

토르티야 2장, 닭 안심 2쪽, 말린 크랜베리 2큰술, 양상추 2장, 통후추 7알, 청주 1큰술, 소금 약간

허니머스터드 2큰술

마요네즈 2큰술, 머스터드 2작은술, 레몬즙 1작은술, 꿀 1작은술

<u>1</u> 분량의 허니머스터드 재료를 모두 섞어 스프레드를 완성한다.

<u>2</u> 양상추는 씻어서 물기를 제거하고 한입 크기로 뜯는다. 크랜베리는 따뜻한 물에 넣어
불린다.

<u>3</u> 끓는 물에 닭 안심과 청주, 통후추, 소금을 넣고 5분 정도 삶은 뒤 한 김 식혀 작게 찢
는다.

<u>4</u> 달군 팬에 토르티야를 올려 앞뒤로 살짝 구운 뒤 한 김 식힌다.

<u>5</u> 구운 토르티야 위에 허니머스터드를 1/2큰술 바르고, 양상추, 삶은 닭고기, 크랜베리
순으로 올린다.

<u>6</u> ⑤ 위에 허니머스터드 1/2큰술을 뿌리고 토르티야 아래를 5cm 정도 접고 다시 양 끝
을 가운데로 접어 완성한다. 남은 토르티야도 같은 방식으로 싼다.

멕시칸 새우랩

담백한 토르티야에 새콤한 토마토소스를 바르고 매콤한 새우구이를
올려 만들어요. 매콤 새콤한 맛이 입맛을 돋운답니다.

Ingredient_2개분

토르티야 2장, 대하 6마리, 체더치즈 1장, 양상추 4장, 적양파 1/8개, 파프리카시즈닝 1/2작은술, 포도씨유
적당량, 소금·후춧가루 약간씩

핫토마토마요 2큰술

마요네즈 2큰술, 핫소스 1/3작은술, 토마토케첩 1/2작은술, 칠리가루 1/2작은술

<u>1</u> 핫토마토마요 재료를 모두 섞어 스프레드를 완성한다.

<u>2</u> 적양파는 얇게 채 썰고, 양상추는 흐르는 물에 씻어 물기를 제거한다.

<u>3</u> 달군 팬에 포도씨유를 두르고 껍질 벗겨 손질한 새우를 올린 뒤 파프리카시즈닝, 소
금, 후춧가루를 뿌려서 살짝 굽는다.

<u>4</u> 달군 팬에 토르티야를 올려 앞뒤로 살짝 구운 뒤 핫토마토마요를 바르고 양상추, 구
운 새우, 적양파 순서로 올린 뒤 체더치즈를 작게 뜯어서 올린다.

<u>5</u> ④를 돌돌 말아 유산지로 감싼다. 남은 토르티야도 같은 방식으로 싼다.

슈니첼은 우리에게 친숙한 돈가스를 탄생시킨
독일식 원조 소고기 튀김이랍니다.
바삭하게 튀긴 슈니첼을 빵 사이에 넣고
소스를 끼얹으면
특별한 샌드위치가 완성됩니다.

슈니첼 샌드위치

1. 준비하기

1

2

3

4

Ingredient_1개분

치아바타 1개
소고기 채끝살 100g
달걀 1개
양파 1/5개
밀가루 1큰술
빵가루 1/3컵
소금·후춧가루 약간씩
식용유 적당량

슈니첼소스

돈가스소스 100g
토마토케첩 1큰술
머스터드 1작은술
홀스래디시 1작은술
레몬즙 1작은술

Spread

머스터드 2작은술
무염버터 10g

<u>1</u> 슈니첼소스 재료를 모두 섞어 소스를 완성한다.

<u>2</u> 양파를 믹서에 넣고 곱게 갈아 소고기 위에 펴 바르고 10분 정도 재운 다음 양파를 긁어내고 소금, 후춧가루로 밑간한다.

<u>3</u> ②에 밀가루, 달걀 푼 물, 빵가루 순으로 튀김옷을 입힌 다음 식용유를 넉넉히 두른 달군 팬에 올려 앞뒤로 굽고 종이타월에 올려 기름기를 뺀다.

<u>4</u> 치아바타는 길게 반을 갈라 달군 팬에 올려 살짝 굽고 한 김 식힌다.

2. 조립하기

치아바타

\+

버터 5g
+ 머스터드 1작은술

\+

슈니첼

\+

슈니첼소스

\+

버터 5g
+ 머스터드 1작은술 바른
치아바타

영양만점 아스파라거스를 아삭하게 데치고
게살을 작게 뜯어 카레소스에 버무려
준비하세요. 바삭하게 구운 식빵과 만나면
근사한 샌드위치가 완성된답니다.

아스파라거스 게살 샌드위치

1. 준비하기

1

2

3

4

Ingredient_1개분
식빵 2장
게살 70g
아스파라거스 4개
소금·후춧가루 약간씩

카레마요 2큰술
마요네즈 1½큰술
카레가루 2/3작은술
꿀 1/2큰술
레몬즙 1/2작은술
소금 약간

Spread
머스터드 1작은술
무염버터 10g

<u>1</u> 카레마요 재료를 모두 섞어 소스를 완성한다.

<u>2</u> 게살을 손으로 작게 찢고 카레마요 소스로 골고루 버무린다.

<u>3</u> 아스파라거스는 뿌리의 딱딱한 부분을 제거하고, 세로로 반을 자른 다음 끓는 물에
소금과 함께 넣어 살짝 데친다.

<u>4</u> 달군 팬에 식빵을 올려 앞뒤로 노릇하게 구워 한 김 식힌다.

2. 조립하기

 +  +  +  +  +

식빵 　　　 버터 5g 　　　 머스터드 　　 아스파라거스 　 양념한 게살 　　 버터 5g
　　　　　　　　　　　　 1/2작은술 　　　　　　　　　　　　　　 + 머스터드 1/2작은술
　　　　　　　　　　　　　　　　　　　　　　　　　　　　　　　 바른 식빵

달걀을 풀어 도톰하게 오믈렛을 만들고
쫀득한 브리오슈 식빵 사이에 넣어 만든
오믈렛 샌드위치로 도시락을 준비해보세요.
맛과 영양의 조화가 완벽해진답니다.

오믈렛 샌드위치

1. 준비하기

Ingredient_1개분

브리오슈 식빵 2장
오이 1/3개
래디시 1개
소금 약간

오믈렛

달걀 2개
설탕 1작은술
맛술 2/3작은술
다시마국물 30mL
간장·소금 약간씩
포도씨유 적당량

Spread

마요네즈 1큰술
돈가스소스 1큰술

1 볼에 달걀, 설탕, 맛술, 다시마국물, 간장, 소금을 넣고 젓가락으로 곱게 풀어 체에 한 번 거른다.

2 달군 팬에 포도씨유를 두르고 ①을 부어 도톰한 오믈렛을 만든다.

3 오이는 얇게 슬라이스 해 소금물에 넣어 10분 정도 재우고 물기를 꼭 짠다. 래디시도 얇게 슬라이스 한다.

4 브리오슈 식빵은 달군 팬에 올려 앞뒤를 노릇하게 구워 한 김 식힌다.

2. 조립하기

 +  +  +  +  +

브리오슈　　마요네즈　　오믈렛　　절인 오이　　돈가스소스　　마요네즈 1/2큰술
　　　　　1/2큰술　　　　　　+ 래디시　　　　　　　　바른 브리오슈

가장 손쉽게 만들 수 있는
기본 롤 샌드위치예요.
싸기도 쉽고 먹기도 간편해
도시락 메뉴로 안성맞춤이에요.
조금 색다르게 준비하고 싶다면
햄 치즈롤을 살짝 튀겨보세요.

Ham Cheese Roll

햄 치즈롤 & 햄 치즈롤 튀김

1   2   3

4   5

Ingredient_1인분
식빵 2장
달걀 1개
슬라이스 햄 4장
슬라이스 체더치즈 2장
빵가루 1/2컵
소금 약간
식용유 적당량

딸기콤포트 2큰술
딸기 250g
설탕 100g
레몬즙 1큰술
레몬제스트 1/2개분
바닐라 에센스 1~2방울

1 딸기를 씻어 물기를 제거하고 설탕과 함께 냄비에 넣어 조금 약한 불에서 30분 정도 끓인다. 레몬즙과 레몬제스트를 넣어 섞은 뒤 마지막에 바닐라 에센스를 넣고 불을 끄면 딸기콤포트가 완성된다.

2 식빵은 가장자리를 자르고 밀대로 납작하게 민다.

3 식빵 가운데 딸기콤포트를 바르고, 햄, 체다 치즈, 햄 순서로 올린다.

4 ③을 돌돌 말아 랩으로 감싸고 잠시 그대로 두어 모양을 고정시킨다. 고정시킨 롤은 먹기 좋게 자르면 완성이다.

5 햄 치즈롤 튀김을 만들 때는 고정시킨 롤에 달걀 푼 물, 빵가루 순으로 튀김옷을 입히고 170℃ 식용유에 넣고 굴려가며 바삭하게 튀겨 종이타월로 눌러 기름기를 빼면 완성이다.

롤을 튀기기 전에 이쑤시개로 고정하면 더욱 확실히 모양을 고정시킬 수 있다.
햄 치즈롤 튀김에는 허니머스터드를 곁들이면 잘 어울린다.

다진 소고기로 직접 반죽해 만든
패티를 넣어 만든
수제 미니 햄버거예요.
앙증맞은 사이즈 덕분에
부담 없이 먹기 좋아요.

비프치즈 미니버거

1. 준비하기

1

2

3

4

5

<u>1</u> 분량의 양파토마토마요 재료를 모두 섞어 스프레드를 완성한다.

<u>2</u> 토마토와 양파는 얇게 슬라이스 하고 양상추는 씻어서 물기를 제거한다.

<u>3</u> 팬에 버터를 올려 중간 불로 녹인 뒤 다진 양파를 넣어 볶는다. 볶은 양파가 식으면 나머지 햄버거 패티 재료와 함께 믹서에 넣고 섞은 뒤 꺼내서 찰기가 생길 때까지 10분 정도 치댄 다음 빵 크기에 맞게 둥근 패티를 3장 만든다.

<u>4</u> 달군 팬에 포도씨유를 두르고 ③을 올려 중간 불에서 굽는다. 패티가 익으면 불을 끄고 치즈를 위에 올려 잔열로 녹인다.

<u>5</u> 햄버거 빵은 달군 팬에 올려 안쪽만 구워 한 김 식힌다.

Ingredient_3개분
미니 햄버거 빵(지름 5~6cm) 3개
슬라이스 치즈 3장
토마토 1/2개
양파 1/4개
양상추 3장
다진 피클 3큰술
포도씨유 1/2큰술

햄버거 패티(지름 5~6cm) 3개
다진 소고기 150g
달걀 1개
다진 양파 150g
빵가루 1/3컵
버터 10g
넛맥가루 1/3작은술
오레가노가루 1/3작은술
청주 1/2큰술
소금·후춧가루 약간씩

Spread
마요네즈 3큰술

양파토마토마요 3큰술
다진 양파 1큰술
마요네즈 1큰술
토마토케첩 1큰술
설탕 1/4큰술

2. 조립하기

 +  +  +  +  +

미니 햄버거 빵   양파토마토마요 1큰술   다진 피클   치즈 올린 햄버거 패티   토마토 + 양상추 + 양파   마요네즈 1큰술 바른 미니 햄버거 빵

Special
SANDWICH 03

샌드위치에
어울리는 음료

맛있고 건강한 홈메이드 주스를 곁들여 샌드위치를
더욱 맛있게 즐겨보세요. 샌드위치와 음료가 서로의
부족한 영양을 보완해주니 한 끼 식사로 준비해도 손
색이 없답니다.

진정 작용을 돕는 캐모마일은 밤에 마셔도
부담이 없어 즐겨 마시게 된답니다.
상큼한 오렌지를 넣어 새콤달콤한 맛을 더하면
다양한 디저트 샌드위치와 잘 어울려요.

캐모마일 오렌지티

1   2   3

Ingredient_1인분
캐모마일 티백 1개
오렌지청 2큰술
절인 오렌지 슬라이스 1개
설탕 1작은술

1 찻잔에 뜨거운 물을 가득 부어 잔을 달군 후 물을 버리고 다시 뜨거운 물을 붓고 캐
  모마일 티백을 넣어 우린다.

2 오렌지청 속의 절여진 오렌지 슬라이스를 준비한다.

3 티백을 꺼내고 오렌지청과 오렌지 슬라이스를 넣어 섞는다.

오렌지청

오렌지 2개, 백설탕 200g, 황설탕 100g, 베이킹소다 적당량, 굵은 소금 약간

1 베이킹소다를 푼 물에 오렌지를 30분 정도 담근 다음 꺼내서 굵은 소금으로 문지르고
  물로 헹군다.

2 오렌지는 껍질째 얇게 슬라이스 하고 설탕을 분량의 80%만 사용해 골고루 버무린다.

3 소독한 유리병에 ②를 넣고 남은 설탕을 넣어 공기와의 접촉을 차단하고 뚜껑을 닫는
  다.

4 ③을 뒤적여가며 반나절 정도 실온에 두어 설탕을 모두 녹이고, 3일 정도 냉장고에서
  숙성시킨다.

향이 진한 얼그레이와 쌉싸래한 자몽이 만나
고급스러운 향을 풍기는 새로운 차로 변신했어요.
비타민이 가득해 고기를 넣어 만든 샌드위치에
곁들이면 맛과 영양이 보완된답니다.

얼그레이 자몽티

1   2   3

Ingredient_1인분
얼그레이 티백 1개
자몽청 2큰술
절인 자몽 슬라이스 1개
설탕 1작은술

1 찻잔에 뜨거운 물을 가득 부어 잔을 달군 후 물을 버리고 다시 뜨거운 물을 붓고 얼그레이 티백을 넣어 우린다.

2 자몽청 속의 절여진 자몽 슬라이스를 준비한다.

3 티백을 꺼내고 자몽청과 자몽 슬라이스를 넣어 섞는다.

자몽청

자몽 2개, 오렌지 1개, 레몬 1개, 백설탕 200g, 황설탕 400g, 베이킹소다 약간, 굵은 소금 약간

1 베이킹소다를 푼 물에 자몽, 오렌지, 레몬을 30분 정도 담근 다음 꺼내서 굵은 소금으로 문지르고 물로 헹군다.

2 ①을 껍질째 얇게 슬라이스 하고 설탕을 분량의 80%만 사용해 골고루 버무린다.

3 소독한 유리병에 ②를 자몽, 오렌지, 레몬 순서로 번갈아 담고 남은 설탕을 넣어 공기와의 접촉을 차단하고 뚜껑을 닫는다.

4 ③을 뒤적여가며 반나절 정도 실온에 두어 설탕을 모두 녹이고, 3일 정도 냉장고에서 숙성시킨다.

단맛이 진한 청포도는
초여름에 많이 먹게 되는 과일이죠.
다른 포도보다 껍질이 부드러워서
곱게 갈아 음료로 만들면 좋아요.

Green Grape Ade

청포도 에이드

1   2   3

Ingredient_1인분
청포도 200g
탄산수 1컵
얼음 1/2컵
시럽 적당량

<u>1</u> 청포도를 흐르는 물에 씻어 물기를 제거한 뒤 믹서에 넣어 곱게 간다.

<u>2</u> 컵에 얼음을 반 정도 채우고 청포도 간 것과 탄산수를 붓는다.

<u>3</u> 취향에 맞게 시럽을 곁들인다.

달콤한 사과주스에 크랜베리를 넣고
톡 쏘는 탄산수와 함께 섞으면
카페 메뉴 부럽지 않은 근사한 음료가 된답니다.

크랜베리 애플 에이드

1   2   3

Ingredient_1인분
사과주스 1/2컵
탄산수 1/2컵
얼음 1/2컵
사과 1/4개
냉동 크랜베리 7알
애플민트 1줄기
시럽 적당량

<u>1</u> 사과는 얇게 슬라이스 한다.

<u>2</u> 컵에 얼음을 반 정도 채우고 사과와 크랜베리를 담고 사과주스와 탄산수를 붓는다.

<u>3</u> 애플민트를 올리고 취향에 맞게 시럽을 곁들인다.

비타민 C가 풍부한 시트러스 과일로 만든
민트 워터는 어떤 샌드위치에 곁들여도
잘 어울리는 상큼한 건강 음료랍니다.

Citrus Mint Water

시트러스 민트 워터

1   2   3

Ingredient
오렌지 1/4개
레몬 1/4개
페퍼민트 1줄기
생강 슬라이스 2조각
생수 2컵

<u>1</u> 오렌지와 레몬은 굵은 소금으로 문질러 닦는다.

<u>2</u> 오렌지와 레몬은 껍질째 둥근 형태를 살려 슬라이스 한다.

<u>3</u> 병에 오렌지, 레몬, 페퍼민트, 생강 슬라이스를 넣고 생수를 부은 후 1시간 이상 냉
    장 보관한 후 마신다.

새콤하게 씹히는 딸기 맛이 일품인
딸기 민트 워터는 샌드위치와 함께 먹으면
민트의 상쾌함이 입맛을 돋운답니다.

딸기 민트 워터

1   2   3

Ingredient
딸기 3개
민트 2줄기
생수 2컵

<u>1</u> 딸기는 깨끗이 씻은 후 꼭지를 떼고 형태를 살려 슬라이스 한다.

<u>2</u> 물병에 썬 딸기와 민트를 담는다

<u>3</u> ②에 생수 붓고 1시간 정도 냉장고에 두어 시원하게 마신다.

Index

도움 주신 곳

소품

에잇컬러스 070 – 8654 – 3637
스타우브 (DSKH코리아 02 – 2192 – 9682)
recolte (이푸른인터내셔널 1544 – 2065)
키엔호 02 – 717 – 6750
장스목공방 010 – 6532 – 6696

빵

가또 마들렌 02 – 418 – 3155
브리오슈도레 서래마을점 02 – 532 – 3355
르 알래스카 02 – 546 – 5872

그린테이블의
샌드위치 수업

펴낸날 초판 1쇄 2016년 6월 1일 ∣ 초판 10쇄 2023년 5월 30일

지은이 김윤정

펴낸이 임호준
출판 팀장 정영주
책임 편집 김은정 ∣ **편집** 조유진
디자인 김지혜 ∣ **마케팅** 길보민
경영지원 나은혜 박석호 유태호 최단비

사진 한정수(Studio etc. 02-3442-1907) ∣ **요리어시스트** 원혜민, 양서희, 오은지
인쇄 (주)웰컴피앤피

펴낸곳 비타북스 ∣ **발행처** (주)헬스조선 ∣ **출판등록** 제2-4324호 2006년 1월 12일
주소 서울특별시 중구 세종대로 21길 30 ∣ **전화** (02) 724-7633 ∣ **팩스** (02) 722-9339
포스트 post.naver.com/vita_books ∣ **블로그** blog.naver.com/vita_books ∣ **인스타그램** @vitabooks_official

ⓒ 김윤정, 2016
사진 ⓒ (주)헬스조선

ISBN 979-11-5846-084-6   13590

비타북스는 독자 여러분의 책에 대한 아이디어와 원고 투고를 기다리고 있습니다.
책 출간을 원하시는 분은 이메일 vbook@chosun.com으로 간단한 개요와 취지, 연락처 등을 보내주세요.

비타북스 는 건강한 몸과 아름다운 삶을 생각하는 (주)헬스조선의 출판 브랜드입니다.

SANDWICH

Basic Lesson

Spread & Source

DIY Sandwich

Easy Sandwich

Special Sandwich